AF452105

NOUVELLE MÉTHODE

DE

GÉOGRAPHIE

ÉLÉMENTAIRE

PAR LA SIMILITUDE DES COULEURS

ET DE L'ÉCRITURE

PAR

G. E. LAURENT

AUTEUR DES LEÇONS ET DEVOIRS SUR L'HISTOIRE DE FRANCE

Cet Ouvrage a valu à l'Auteur une Mention honorable.

PARIS

CH. BAZIN, LIBRAIRIE-CLASSIQUE

Rue Saint-Jacques, 174.

—

1877

NOUVELLE MÉTHODE

DE

GÉOGRAPHIE ÉLÉMENTAIRE.

MAPPEMONDE.

ATLAS, *Pl. 1re*.

Définitions géographiques.

La Géographie est la description de la terre. — La **TERRE** est ronde, elle a la forme d'un immense globe, un peu aplati aux deux *pôles ;* sa circonférence est de quarante millions de mètres. — **L'EAU** que l'on nomme **OCÉAN** ou **MER,** couvre les deux tiers de sa surface.

* Les deux *mouvements* de la terre sont : celui de *rotation*, sur elle-même, en vingt-quatre heures, produisant le jour et la nuit, et l'autre de *révolution*, autour du soleil, en un an, produisant les saisons. — Un **CONTINENT** est une très-grande étendue de terre entourée par la mer ; l'*ancien continent* est formé par l'Europe, l'Asie et l'Afrique, le *nouveau continent* est formé par l'Amérique, découverte en 1492 par Christophe Colomb.

* Une **ILE** est un espace de terre entièrement entouré d'eau ; un **ARCHIPEL** est un groupe d'îles. — Une **PRESQU'ILE** est presque entourée d'eau. — Un **ISTHME** est la langue de terre qui joint une presqu'île au continent. — Un **CAP** est une pointe de terre qui s'avance dans la mer.

* Une **MONTAGNE** est une masse de terre plus ou moins élevée, les **CHAINES DE MONTAGNES** occupent une longue étendue. — Un **VOLCAN** est une montagne qui lance par son *cratère* des torrents de *laves* enflammées. — Un **GOLFE** est une portion de mer qui entre dans les terres ; un petit golfe se nomme **BAIE** ou **RADE ;** un **PORT** est une petite rade creusée pour abriter les vaisseaux.

* Un **DÉTROIT** est une portion de mer resserrée qui fait communiquer deux mers. — Un **FLEUVE** est un cours d'eau qui s'écoule dans la mer. Depuis sa *source* jusqu'à son *embouchure*, il reçoit sur sa *rive droite* et sur sa *rive gauche*, en des endroits nommés *confluents*, des *rivières* qui sont ses *affluents*.

* Le **BASSIN** d'un fleuve, limité ordinairement par des chaînes de montagnes, est l'étendue de pays arrosée par ce fleuve et ses affluents. — Une **CATARACTE** ou **CHUTE** est l'endroit où un fleuve tombe d'une certaine hauteur. — Un **CANAL** est un cours d'eau creusé par les hommes.

* Un **LAC** est une étendue d'eau entourée de terre de tous côtés; un **ÉTANG** est un petit lac. — Une **CONTRÉE**, qui se subdivise en *provinces*, est une étendue de pays soumise au même gouvernement, soit *empire*, *royauté* ou *république*. — La **CAPITALE** est la ville la plus importante d'une contrée.

Définitions cosmographiques.

Les quatre POINTS CARDINAUX ont été imaginés pour déterminer la position des différentes parties de la terre, ce sont : le *Nord*, le *Sud*, l'*Est* et l'*Ouest*. Les quatre POINTS COLLATÉRAUX sont les points intermédiaires : *Nord-Est*, *Nord-Ouest*, *Sud-Est*, *Sud-Ouest*.

* Les deux PÔLES sont les deux extrémités de l'*axe* sur lequel tourne la terre. — Les MÉRIDIENS ou DEGRÉS DE LONGITUDE sont des cercles qui entourent le globe en passant par les deux pôles et divisent la terre en *deux hémisphères*, l'un *oriental*, à l'Est, et l'autre *occidental*, à l'Ouest.

* L'ÉQUATEUR et les DEGRÉS DE LATITUDE sont des cercles parallèles à l'horizon. — Les CERCLES POLAIRES sont parallèles à l'équateur, et servent de limite aux cinq *zônes*; l'une *torride*, deux *tempérées* et deux *glaciales*.

* Le TROPIQUE D'ÉTÉ ou du CANCER est un cercle parallèle à l'équateur qui limite le retour du soleil sur l'*hémisphère boréal*, au moment du *solstice d'été* (23 juin). — Le TROPIQUE D'HIVER ou du CAPRICORNE limite le retour du soleil dans l'*hémisphère austral*, au *solstice d'hiver* (22 décembre).

Grandes divisions du Globe terrestre.

Les cinq *parties du monde* sont : l'EUROPE, l'ASIE, l'AFRIQUE, l'AMÉRIQUE, l'OCÉANIE. — Les quatre OCÉANS sont : l'*Océan glacial du Nord*, l'*Océan glacial du Sud*, le *Grand Océan* et l'*Océan atlantique*.

* Les deux **DÉTROITS** principaux sont : un entre l'Europe et l'Afrique... le dét. de *Gibraltar*, et un entre l'Asie et l'Amérique du Nord... le dét. de *Béhring*. — Les deux **GOLFES** sont : un en Afrique... le *golfe de Guinée*, et un en Asie... le *golfe du Bengale*. — Les cinq **ILES** sont : une en Afrique... l'*île de Madagascar*, et quatre en Océanie... *Sumatra*, *Bornéo*, *Nouvelle-Guinée* et *Australie*.

* Les deux **PRESQU'ILES** sont : une en Asie... l'*Arabie*, et une dans l'Amérique du Nord... le *Labrador*. — Les deux **ISTHMES** sont : un entre l'Asie et l'Afrique... l'*isthme de Suez*, et un entre les deux Amériques... l'*isthme de Panama*. — Les deux **CAPS** sont : un au sud de l'Afrique... le *cap de Bonne-Espérance*, et un au sud de l'Amérique... le *cap Horn*.

* Les six **FLEUVES** sont : deux en Asie... l'*Iénisséi* et le *Kiang*, deux en Afrique... le *Nil* et le *Niger*, et deux en Amérique... le *Mississipi* et l'*Amazone*. — Les trois **LACS** sont : un en Asie... le *lac d'Aral*, et deux en Afrique... les lacs *Tchad* et *Ukérévé*. — Les trois **MONTAGNES** sont : deux en Asie... les *Monts Altaï* et *Himalaya*, et une en Afrique... les *Monts Atlas*.

EUROPE.

ATLAS, *Pl. 2ᵉ.*

* L'EUROPE, qui est la plus petite des cinq parties du monde, occupe cependant le premier rang par son industrie, son commerce et sa civilisation. Sa population est d'environ 290.000.000 d'habitants. Le christianisme est la religion dominante.

Division de l'Europe.

Les seize Contrées de l'Europe sont : quatre au Nord : les Iles Britanniques, capitale... *Londres*, 2 villes principales... *Édimbourg* et *Dublin*; le Danemark, cap... *Copenhague*;

La Suède, cap... *Stockholm*, 2 v. pr... *Christiania* et *Christiansand*; la Russie, cap... *Saint-Pétersbourg*, 5 v. pr... *Arkangel, Moscou, Varsovie, Sébastopol* et *Astrakan*;

Les sept au Centre sont : La France, cap... *Paris*, 5 v. pr... *Rouen, Nantes, Bordeaux, Lyon* et *Marseille*; la Belgique, cap... *Bruxelles*; la Hollande, cap... *La Haye*;

La Suisse, 2 v. pr... *Bâle* et *Berne*; l'Autriche, cap... *Vienne*, 4 v. pr... *Prague, Bude, Trieste* et *Hermanstadt*; La Prusse, cap... *Berlin*, 2 v. pr... *Dantzig* et *Breslau*; La Confédération Germanique, 4 v. pr... *Hanovre, Dresde, Stuttgard* et *Munich* (ces États confédérés, réunis à la Prusse, forment aujourd'hui avec notre Alsace et une partie de notre Lorraine l'Empire d'Allemagne).

Les cinq au Sud sont : Le Portugal, cap... *Lisbonne*; l'Espagne, cap... *Madrid*, 4 v. pr... *Burgos, Saragosse, Valence et Séville*; l'Italie, cap... *Rome*, 4 v. pr... *Turin, Milan, Florence* et *Naples*; la Turquie, cap... *Constantinople*. 4 v. pr... *Belgrade, Bukharest, Andrinople* et *Salonique*; la Grèce, cap... *Athènes*.

Europe physique.

Il y a quinze MERS en Europe, dont trois grandes qui sont... l'*Océan glacial du Nord*, l'*Océan Atlantique* et la *mer Méditerranée*; les douze petites sont : une formée par l'Océan glacial... la *mer Blanche*, quatre formées par l'Océan Atlantique... la *mer Baltique*, la *mer du Nord*, la *Manche* et la *mer d'Irlande*, six formées par la Méditerranée... la *mer Adriatique*, la *mer Ionienne*, la *mer de l'Archipel*, la *mer de Marmara*, la *mer Noire*

et la *mer d'Azof,* et une isolée à l'Est, c'est la mer...
Caspienne.

* Les douze **DÉTROITS** de l'Europe sont : deux entre les
mers du Nord et Baltique... le *Skager-Rack* et le
Cattégat, un entre les mers du Nord et de la Manche... le
Pas-de-Calais, deux entre la mer d'Irlande et l'Océan
Atlantique... le *canal du Nord* et le *canal Saint-Georges,*
un au sud de l'Espagne... le *détroit de Gibraltar,* un au
sud de la Corse... le dét. de *Bonifacio,* deux au sud de
l'Italie... le *canal d'Otrante* et le dét. de *Messine,* deux
qui communiquent dans la mer de Marmara... les détrois
des *Dardanelles* et de *Constantinople,* et un entre les
mers Noire et d'Azof... le *détroit d'Iénikalé.*

* Les dix **GOLFES** de l'Europe sont : un dans l'Océan
Glacial... le *golfe de Tcheskaïa,* trois dans la mer Baltique... les golfes de *Bothnie,* de *Finlande* et de *Riga*
ou de *Livonie,* un dans la mer du Nord... le *Zuiderzée,*
un dans l'Atlantique... le *golfe de Gascogne,* deux dans
la Méditerranée... les golfes du *Lion* et de *Gênes,* et
deux dans la mer Ionienne... les golfes de *Tarente* et de
Lépante.

* Les trente-et-une **ILES** de l'Europe sont : cinq dans
l'Océan Glacial... les îles *Vaïgatch, Nouvelle-Zemble,*
Kalgouev, Lofoden et *Jean-Mayen,* dix dans l'Atlantique,
dont trois grandes... l'*Islande,* l'*Irlande* et la *Grande-*
Bretagne (Angleterre et Ecosse), et les sept petites... les
îles *Feroë, Schetland, Orkney, Western, Belle-Ile,*
île Dieu et l'*île d'Oléron.*

* Cinq dans la mer Baltique... les îles d'*Œsel, Gotland,*
Oland, Sécland et *Rugen,* huit dans la Méditerranée...
dont quatre grandes... la *Corse,* la *Sardaigne,* la *Sicile*
et *Gandie,* et quatre petites... les îles *Majorque, Minor-*
que, l'île d'*Elbe* et de *Malte,* et trois dans l'Archipel...
les îles *Lemnos, Eubée* et *Cyclades.*

* Il y a cinq **PRESQU'ILES** en Europe, dont trois grandes...
la *Suède,* l'*Espagne* et *Portugal,* et l'*Italie.* Les deux
petites sont : une en Grèce... la *Morée,* et une au sud
de la Russie... la *Crimée.* — Les deux **ISTHMES** sont :
un dans la Grèce... l'*isthme de Corinthe,* et un en Crimée... l'*isthme de Pérékop.*

* Les neuf **CAPS** de l'Europe sont : un au nord de la

Suède... le *cap Nord-Kyn*, deux dans les Iles Britanniques... les caps *Clear* et *Lizard*, trois en Espagne et en Portugal... les caps *Finistère*, *Saint-Vincent* et *Trafalgar*, trois au sud de la Sardaigne, de la Sicile et de la Grèce... les caps *Tavalaro*, *Passaro* et *Matapan*.

* Les vingt-neuf **FLEUVES** de l'Europe sont : deux au nord de la Russie... la *Petchora*, et la *Dwina*, six qui se jettent dans la mer Baltique... la *Tornéa*, la *Néva*, la *Duna*, le *Niémen*, la *Vistule* et l'*Oder*, quatre dans la mer du Nord... l'*Elbe*, le *Wéser*, le *Rhin* et la *Tamise*, quatre en France... la *Seine*, la *Loire*, la *Garonne* et le *Rhône*.

* Cinq en Espagne... le *Douro*, le *Tage*, le *Guadiana*, le *Guadalquivir* et l'*Ebre*, deux en Italie... le *Pô* et le *Tibre*, quatre qui se jettent dans les mers Noire et d'Azof... le *Danube*, le *Dniester*, le *Dniéper* et le *Don*, et deux dans la mer Caspienne... le *Volga* et l'*Oural*.

* Les dix **LACS** de l'Europe sont : trois en Suède... les lacs *Mélar*, *Wéner* et *Wetter*, cinq en Russie... les lacs *Saïma*, *Ladoga*, *Onéga*, *Ilmen* et *Peïpous*, et deux en Suisse, les lacs de *Constance* et de *Genève*.

* Les huit **MONTAGNES** de l'Europe sont : une en Suède... les *Monts Scandinaves*, deux en Russie... les *Monts Ourals* et le *Caucase*, une en Autriche... les *Carpaths*, une en Turquie... les *Balkans*, deux à l'est et au sud de la France... les *Alpes* et les *Pyrénées*, et une en Espagne... les *Monts Ibériens*.

* Les quatre **VOLCANS** sont : deux dans l'Islande... le *grand Geyser* et le *mont Hécla*, et deux en Italie... le *Vésuve* et le *mont Etna*. (Le grand Geyser, en Islande, lance de l'eau bouillante à soixante mètres d'élévation).
— Un **GOUFFRE**, où s'engloutissent les vaisseaux qui s'en approchent, cherchez-le, s. v. p... c'est le *gouffre de Malstrom*.

ASIE.

ATLAS, *Pl. 3ᵉ.*

L'ASIE, la plus grande et la plus peuplée des cinq parties du monde, est regardée comme le berceau du genre humain. — Au nord, d'immenses plaines sont rendues stériles par un froid excessif; au centre des montagnes prodigieuses couvertes de glaces éternelles; au sud, une chaleur torride et des pluies abondantes donnent une fécondité extraordinaire. Sa population est de 820.000.000 d'habitants. Les principales religions sont le Boudhisme, le Brahmanisme, le Christianisme, le Judaïsme.

Divisions de l'Asie.

* L'Asie se divise en onze contrées dont une au Nord, une à l'Est, une au Centre, deux au Sud et six à l'Ouest.

RÉGION DU NORD. — La Sibérie, cap... *Tobolsk,* 4 v. pr... *Omsk, Tomsk, Iakoutsk* et *Okhostsk.*

RÉGION DE L'EST. — Le Japon, cap... *Yédo,* 2 v. pr... *Miako* et *Nankasaki.*

* RÉGION DU CENTRE. — La Chine, cap... *Péking,* 4 v. pr... *Iassa, Nanking, Chang-Haï* et *Canton.*

RÉGION DU SUD. — L'Indo-Chine, 5 v. pr... *Ava, Bankok, Hué, Saïgon* et *Malacca;* l'Hindoustan, cap... *Calcutta,* 5 v. pr... *Cachemir, Delhy, Bombay, Madras* et *Pondichéry.*

* RÉGION DE L'OUEST. — La Turquie d'Asie, 4 v. pr... *Smyrne, Trébizonde, Jérusalem* et *Bagdad;* le Turkestan, cap... *Boukhara,* 2 v. pr... *Khokand* et *Khiva;* la Perse, cap... *Téhéran,* 2 v. pr... *Hamadan* et *Ispahan;* l'Afghanistan, cap... *Caboul,* 2 v. pr... *Hérat* et *Kandahar;* le Belouchistan, cap... *Kélat;* l'Arabie, cap... *La Mecque,* 4 v. pr... *Médine, Mascate, Moka* et *Aden.*

1..

L'Asie physique.

* Il y a treize **MERS** en Asie, dont quatre grandes qui sont... l'*Océan glacial du Nord*, le *Grand Océan*, la *mer des Indes* et la *mer Méditerranée*, et neuf petites, dont cinq à l'est qui sont... les *mers de Béhring*, *d'Okhotsk*, *du Japon*, la *mer Jaune* et de *la Chine*, et quatre à l'ouest qui sont... la *mer Rouge* ou *Golfe Arabique*, l'*Archipel*, la *mer Noire* et la *mer Caspienne*.

* Les huit **DÉTROITS** de l'Asie sont : trois à l'est... les dét. de *Béhring*, de *Tartarie* et de *Corée*, deux au sud... les dét. de *Malacca* et de *Palk*, et trois à l'ouest... les dét. d'*Ormus*, de *Bab-el-Mandeb*, et le *Canal de Suez*.

* Les dix **GOLFES** de l'Asie sont : deux formés par l'Océan glacial... les golfes de l'*Obi* et de l'*Iénisséi*, quatre formés par les mers qui sont à l'est... les golfes de *Kamtchatka*, de *Petchili*, du *Tonkin* et de *Siam*, et quatre formés par la mer des Indes... les golfes du *Bengale*, d'*Oman*, *Persique* et *Arabique*.

* Les dix-huit **ILES** ou **GROUPES D'ILES** de l'Asie sont : deux dans l'Océan glacial... la *Nouvelle Sibérie* et l'*Ile aux Ours*, six dépendant du Japon... les îles *Tchoka*, *Kourilles*, *Yéso*, *Niphon*, *Sikokf* et *Kiou-Siou*, trois dans la mer Jaune et la mer de la Chine... les îles *Liou-Tchou*, *Formose* et *Haï-nan*, cinq dans la mer des Indes... les îles *Andaman*, *Nicobar*, *Ceylan*, *Maldives* et *Laquedives*, et deux dans la Méditerranée... *Chypre* et *Rhodes*.

* Il y a sept **PRESQU'ILES** en Asie, dont deux grandes qui sont : l'*Arabie* et l'*Hindoustan*; les cinq petites sont : une en Sibérie... la presqu'île de *Kamtschatka*, une en Chine... la presq. de *Corée*, une dans l'Indo-Chine... la presq. de *Malacca*, une dans l'Hindoustan... la presq. de *Guzarate*, et une en Turquie... la presq. d'*Anatolie*.

* Les six **CAPS** de l'Asie sont : deux en Sibérie... les caps *Septentrional* et *Oriental*, un au sud de l'Indo-Chine... le cap *Romania*, un au sud de l'Hindoustan... le cap *Comorin*, et deux en Arabie... les caps *Rosalgate* et *Moçandon*.

* Les dix-neuf **FLEUVES** de l'Asie sont : trois en Sibé-

rie... l'*Obi*, l'*Iénisséi* et la *Léna* qui se jettent dans
l'Océan glacial; quatre en Chine... l'*Amour* qui se jette
dans le détr. de Tartarie, le *Pé-ho* dans le golfe de
Petchili, le *Hoang-ho* et le *Kiang* dans la mer Jaune;
quatre dans l'Indo-Chine... le *Cambodje* qui se jette
dans la mer de la Chine, le *Meinam*, dans le golfe de
Siam, le *Salouen* et l'*Ava* qui se jettent dans le golfe
du Bengale; cinq dans l'Hindoustan... le *Bramapoutre*,
le *Gange*, le *Godavéry* et la *Kistnah* qui se jettent dans
le golfe du Bengale et l'*Indus* dans le golfe d'Oman;
un en Turquie c'est le... *Chat-el-Arab*, formé par...
le *Tigre* et l'*Euphrate* et qui se jette dans le golfe Persique; deux dans le Turkestan... le *Sihoun* et le *Djihoun*
qui se jettent dans le lac d'Aral.

* Les dix **LACS** de l'Asie sont : deux en Sibérie... les
lacs *Tchang* et *Baïkal*, quatre en Chine... les lacs
Balkhachi, *Lob*, *Koukou-Noor* et *Thoung-Thing*, un en
Perse... le lac *Ourmiah*, deux en Turquie... le lac de
Van et le lac *Asphaltite* ou *mer Morte*, et un dans le
Turkestan... le lac d'*Aral*.

* Les sept **MONTAGNES** de l'Asie sont : une entre l'Europe et l'Asie... les *monts Ourals*, cinq grandes chaînes
au centre... les *monts Stanovoï*, les *monts Altaï*, les
monts Célestes, les *monts Tsoung-Ting* et les *monts
Himalaya*, et une dans l'Hindoustan... ce sont les *monts
Gattes*.

Productions.

* Le beau ciel de l'Asie, la fertilité extraordinaire de
son sol, lui font produire en abondance du café, du thé,
du coton, la canne à sucre, des épices, des parfums, des
gommes, etc. — L'industrie produit des tissus de soie
et de coton, des cachemires, de la porcelaine et de
l'encre de Chine.

* Animaux. — Les forêts et les jungles sont peuplés
d'animaux sauvages : tigres du Bengale, panthères de
Java, lions, serpents, rhinocéros, etc.

Les animaux domestiques sont : l'éléphant, le chameau, le renne, le cheval, la chèvre, le buffle, l'autruche, etc.

Possessions.

* Les *Français* possèdent dans l'Hindoustan : Pondichéry, Mahé, Yanaan, Karikal et Chandernagor ; et dans l'Indo-Chine, la Basse-Cochinchine, capitale Saïgon. (Fr.)

Les *Anglais* possèdent Aden, Ceylan, Singapour et Hong-Kong ; puis leur immense colonie de l'Hindoustan, villes principales : Calcutta, Bombay et Pointe-de-Galles. (An.)

Les *Russes* étendent leur domination sur toute la Sibérie et sur la plus grande partie du Turkestan.

AFRIQUE.

ATLAS, *Pl. 4ᵉ*.

L'AFRIQUE qui est trois fois plus grande que l'Europe, est une immense presqu'île jointe à l'Asie par l'isthme de Suez. On ne connaissait autrefois que les côtes de l'Afrique, mais de hardis explorateurs ont trouvé au centre des lacs immenses et des oasis d'une fertilité prodigieuse. La population de l'Afrique n'est que de 154.000.000 d'habitants sur une superficie de 273.000 myriamètres carrés.

* Le mahométisme et le christianisme sont professés au nord, mais dans le centre, les peuplades barbares sont plongées dans l'idolâtrie, elles se font une guerre continuelle et dévorent parfois leurs prisonniers.

L'*Afrique* se divise en dix-neuf contrées dont sept au nord, cinq au milieu et sept au sud.

* RÉGION DU NORD. — Le Maroc, cap... *Maroc*, 2 v. pr... *Ceuta* et *Fez ;* l'Algérie, cap... *Alger*, 2 v. pr... *Constantine* et *Oran ;* la Régence de Tunis, cap... *Tunis ;* la Régence de Tripoli, cap... *Tripoli*, 2 v. pr... *Bengazi* et *Mourzouk ;* l'Egypte, cap... *Le Caire*, 3 v. pr... *Alexandrie, Port-Saïd* et *Suez*.

* RÉGION DU CENTRE. — La Sénégambie, cap... *Saint-Louis*, 3 v. pr... *Porthendick, Bathurst* et *Ca-*

chéo; la GUINÉE SEPTENTRIONALE, 4 v. pr... *Monrovia, Coumassie, Bénin* et *Biafra;* la NIGRITIE ou SOUDAN, 6 v. pr... *Tombouctou, Ségo, Sockoto, Kano, Kouka* et *Ouara;* l'ABYSSINIE, cap... *Gondar;* le SOMAL, 2 v. pr... *Zéilah* et *Barbora.*

* RÉGION DU SUD. — La GUINÉE MÉRIDIONALE, 4 v. pr... *Loango, San-Salvador, Loanda, St-Philippe-de-Benguéla;* l'HOTTENTOTIE, 2 v. pr... *Béthany* et *Bloemfontein;* le CAP, cap... le *Cap,* 2 v. pr... *Bathurst* et *Port-Natal;* le SOFOLA, cap... *Sofola;* le MOZAMBIQUE, cap... *Mozambique;* le ZANGUEBAR, 4 v. pr... *Quiloa, Zanzibar, Mélinde* et *Brava;* l'île de MADAGASCAR, cap... *Tananarive.*

Afrique physique.

* Les cinq **MERS** de l'Afrique sont : une au Nord... la *mer Méditerranée,* une à l'Ouest... l'*océan Atlantique,* une au Sud... l'*océan Austral,* et deux à l'Est... la *mer des Indes* et la *mer Rouge.*

Les trois **CANAUX** ou **DÉTROITS** de l'Afrique sont : un entre l'Océan et la Méditerranée... le dét. de *Gibraltar,* un en Egypte... le *canal de Suez,* et un à l'Ouest de Madagascar... le *canal de Mozambique.*

Les quatre **GOLFES** de l'Afrique sont : deux dans la Méditerranée... les golfes de *Syrte* et de *Cabès,* un dans l'Atlantique... le *golfe de Guinée,* et un à l'Est... le *golfe d'Aden.*

* Les dix-huit **ILES** ou **GROUPES D'ILES** de l'Afrique sont : huit dans l'Océan Atlantique... les îles *Açores, Madère, Canaries,* du *Cap-Vert, Fernando-Po, Saint-Thomas,* de l'*Ascension* et de *Sainte-Hélène,* et dix dans la mer des Indes... les îles *Socotora, Seychelles, Amirantes, Comore, Mayotte* (Fr.), *Nossi-Bé* (Fr.), *Madagascar, Sainte-Marie* (Fr.), la *Réunion* (Fr.) et *Maurice* (An.)

* Les treize **CAPS** de l'Afrique sont : deux sur la Méditerranée... le *cap Bon* et le *cap Centa,* six sur l'Océan Atlantique... les caps *Blanc, Vert, Rouge,* des *Palmes, Lopez* et *Négro,* deux au Sud... les caps de *Bonne-Espérance* et des *Aiguilles,* et trois dans la mer des Indes... les caps *Natal, Delgrado* et *Gardafui.*

* Les huit **FLEUVES** principaux de l'Afrique sont : un qui se jette dans la Méditerranée... c'est le *Nil*, six qui se jettent dans l'Océan Atlantique... le *Sénégal*, la *Gambie*, le *Niger*, le *Zaïre*, la *Coanza* et l'*Orange*, et un dans la mer des Indes... c'est le *Zambèze*.

* Les sept **LACS** de l'Afrique sont : un en Nigritie... le *lac Tchad*, un dans l'Abyssinie... le *lac Dembéa*, et cinq dans la Région des Lacs... les lacs *Luta-Nzigué*, *Ukérévé*, *Tanganyka*, *Nyassa* et *Ngani*.

* Les six **CHAINES DE MONTAGNES** de l'Afrique sont : une au Nord... les *monts Atlas*, une dans la Guinée Septentrionale... les *monts de Kong*, une dans l'Abyssinie... les *monts d'Abyssinie*, deux dans la Région des Lacs... les *monts de la Lune* et les *monts Lupata*, et une au Sud... les *monts Nieuweveld*.

Productions.

* L'AFRIQUE, coupée par l'Equateur en deux parties presque égales, se trouve sous le soleil brûlant de la zône torride ; elle renferme des contrées sablonneuses, arides et improductives, et d'autres d'une grande fertilité, mais mal cultivées.

On trouve en Afrique, de l'or, des grains, du coton, des épices, des gommes, des figues, etc.

Ses végétaux sont prodigieux : le baobab a un tronc de 25 mètres de circonférence.

* ANIMAUX. — Les immenses déserts de l'Afrique renferment les animaux les plus dangereux : des lions, des tigres, des panthères, des léopards, des hyènes, des serpents et des crocodiles. On y trouve aussi la girafe, le rhinocéros, l'hippopotame, le buffle, le chameau, l'autruche, des singes et le cheval arabe.

Possessions.

* Les *Français* (Fr.) possèdent en Afrique, l'Algérie, le Sénégal, Grand-Bassan, le Gabon, la Réunion, Sainte-Marie, Mayotte et Nossi-Bé.

Les *Anglais* (An.) possèdent l'Ascension, Sainte-Hélène, des comptoirs en Guinée, Maurice et leur grande colonie du Cap.

Les *Portugais* (Po.) possèdent les îles Açores, Madère, Cap-Vert, Saint-Thomas, Fernando-Po et des comptoirs en Mozambique et dans le Congo.

AMÉRIQUE.

ATLAS, *Pl. 5ᵉ*.

L'AMÉRIQUE, découverte en 1492 par Christophe Colomb, forme deux immenses presqu'îles réunies par l'isthme de Panama. Sa population, presque toute chrétienne, est de 76.000.000 d'habitants. Le Nord et le Sud sont froids et peu habités, mais au centre, la chaleur donne une grande fertilité. Le sol volcanique et tourmenté par de fréquents tremblements de terre, possède de riches mines d'or, d'argent, etc.

Le commerce et l'industrie sont immenses : les Américains des Etats-Unis forment la première nation du monde.

L'Amérique se divise en seize contrées, dont six au Nord et dix au Sud.

Amérique septentrionale,

SIX CONTRÉES.

* L'AMÉRIQUE RUSSE, 1 v. pr... *Nouvelle-Arkhangel;* le GROENLAND, 1 v. pr... *Frédérikshaab;* la NOUVELLE-BRE-TAGNE, cap... *Québec,* 2 v. pr... *Montréal* et *Halifax;* les ETATS-UNIS, cap... *Washington,* 6 v. pr... *New-York, Richmond, Charleston, Nouvelle-Orléans* et *San-Fran-cisco;* le MEXIQUE, cap... *Mexico,* 2 v. pr... *Quérétaro* et *Véra-Cruz;* le GUATÉMALA, cap... *Guatémala,* 2 v. pr... *Honduras* et *Costa-Rica.*

Amérique méridionale,

DIX CONTRÉES.

* La COLOMBIE, formant trois gouvernements : le *Vénézuéla,* cap... *Caracas,* la *Nouvelle-Grenade,* cap...

Bagota, l'*Equateur*, cap... *Quito;* les GUYANES, 3 v. p... *Georgetown* (An.), *Paramaribo* (Ho.) et *Cayenne* (Fr.); le BRÉSIL, cap... *Rio-Janeiro*, 3 v. pr... *Saint-Louis, Pernambouc* et *Bahia;* le PÉROU, cap... *Lima;* la BOLIVIE, cap... *Chuquisaca;* la PLATA, cap... *Buenos-Ayres*, 1 v. pr... *Bajado;* le PARAGUAY, cap... *Assomption;* l'URUGUAY, cap... *Montévidéo;* le CHILI, cap... *Santiago*, 1 v. pr... *Valparaiso;* la PATAGONIE, peu habitée.

Amérique physique.

* Les six **MERS** de l'Amérique sont : deux au Nord... l'*océan Glacial du Nord* et la *mer de Baffin*, deux à l'Est... l'*océan Atlantique* et la *mer des Antilles*, et deux à l'Ouest... l'*océan Pacifique* et la *mer de Béhring*. — Les six **DÉTROITS** sont : quatre au Nord... les détroits de *Béhring*, de *Davis*, d'*Hudson* et de *Belle-Ile;* un au Centre... le *détroit de la Floride*, et un au Sud... le *détroit de Magellan*.

* Les neuf **GOLFES** ou **BAIES** sont : sept dans les régions du Nord et du Centre... la *baie d'Hudson*, le *golfe Saint-Laurent*, la *baie de Fundy*, le *golfe du Mexique*, la *baie de Mosquitos*, les golfes de *Panama* et de *Californie*, et deux au Sud... les golfes de *Saint-Mathias* et de *Saint-Georges*.

* Les vingt-quatre **ILES** ou **ARCHIPELS** sont : un groupe au Nord... les *Iles de la Mer Polaire;* trois à l'est de l'Amérique septentrionale...les îles de *Terre-Neuve* (An.), de *Saint Pierre et Miquelon* (Fr.) et les *Bermudes;* cinq dans les Grandes Antilles... les îles *Lucayes*, *Cuba* (Es.), *Jamaïque*, *Haïti* et *Porto-Rico* (Es.); cinq dans les Petites Antilles... la *Guadeloupe* (Fr.), *Marie-Galande* (Fr.), la *Martinique* (Fr.), *Tabago* et la *Trinité;* six au Sud... les *Malouines* (An.), la *Géorgie* (An.), les *Shetland méridionales* (An.), la *Terre-de-Feu*, les *Iles de la Mère de Dieu* et l'*île Chiloé;* et quatre dans l'Océan Pacifique... les îles *Gallapagos*, *Révillagigédo*, *Vancouver* et les *Iles Aléoutiennes*.

* Les cinq **PRESQU'ILES** sont situées dans l'Amérique septentrionale, ce sont : le *Labrador*, la *Floride*, le

Yucatan, la *Californie* et la *presqu'île d'Alaska*. — Les sept Caps sont : deux sur le détroit de Davis... les caps *Charles* et *Farewel*, deux sur le golfe du Mexique... les caps *Sable* et *Catoche*, et trois autour de l'Amérique méridionale... le *cap Saint-Roch*, le *cap Horn* et le *cap Blanc*.

* Les 13 **FLEUVES** sont : trois dans la Nouvelle-Bretagne... le *Makenzie* qui se jette dans l'océan Glacial, le *Nelson* qui se jette dans la baie d'Hudson, et le *Saint-Laurent* qui se jette dans le golfe du même nom ; quatre aux Etats-Unis... le *Mississipi* qui se jette dans le golfe du Mexique et qui reçoit les rivières l'Ohio, le Missouri, l'Arkansas et la rivière Rouge, le *Rio-del-Norté* qui se jette dans le golfe du Mexique, le *Colorado*, dans le golfe de Californie, et la *Colombia*, dans l'Océan Pacifique ; et six dans l'Amérique méridionale... la *Madeleine* et l'*Orénoque* qui se jettent dans la mer des Antilles, l'*Amazone*, le *San-Francisco* et le *Rio-de-la-Plata* qui se jettent dans l'Océan Atlantique. — Les affluents de l'Amazone sont le Rio-Négro, la Madeira et le Tapayos ; les affluents du Rio-de-la-Plata sont le Rio-Paraguay, le Rio-Uruguay et le Rio-Parana.

* Les douze **LACS** sont : huit dans l'Amérique septentrionale... les lacs du *Grand-Ours*, de l'*Esclave*, *Winnipeg*, *Supérieur*, *Huron*, *Ontario*, *Erié* et *Michigan*, un au Guatémala... le *lac Nicaraga*, et trois au Sud... les lacs *Maracaïbo*, *Titicaca* et de *Los-Patos*.

* Les quatre **CHAINES DE MONTAGNES** sont : deux dans l'Amérique septentrionale... les *monts Rocheux* et *Alléghany*, et deux dans l'Amérique méridionale... la *Cordillière des Andes* et les *monts du Brésil*.

Les quatre **VOLCANS** sont : un dans l'Amérique Russe... le *mont Saint-Elie*, et trois dans l'Amérique méridionale... les *monts Pichincha, Cotapaxi* et *Aréquipa*.

Une **CATARACTE** de 50 mètres de haut... c'est la *cataracte du Niagara*, entre les lacs Erié et Ontario.

Productions.

* Les productions indigènes sont : le sucre, le café, le coton, l'indigo, l'acajou, le quinquina, le tabac, etc.

Les animaux sont : ours, castors, hermines, jaguars, singes, lamas, vigognes, autruches, perroquets, d'énormes serpents, puis le condor et le colibri. On trouve aussi dans les pampas des troupeaux de bisons, de bœufs et de chevaux à l'état sauvage.

* Colonies. — Les *Français* (Fr.) possèdent Saint-Pierre, Miquelon, Martinique, la Guadeloupe, Marie-Galande et la Guyane française, cap. *Cayenne*.

Les *Anglais* (An.) possèdent Terre-Neuve, la Guyane, capitale *Georges-Town*, les Malouines, la Géorgie, les Shetland méridionales et un grand nombre d'îles dans les petites Antilles.

Les *Espagnols* (Es.) possèdent Cuba et Porto-Rico.

OCÉANIE.

ATLAS, *Pl. 6ᵉ*.

* L'OCÉANIE, composée d'un grand nombre d'îles répandues dans le Grand Océan, ne compte que 30.000.000 d'habitants, divisés en deux races : les *Malais*, au teint jaunâtre, et les *Nègres océaniens*, qui sont sans industrie et sans civilisation ; ils sont divisés en tribus, vivant de chasse et de pêche, et forment la dernière race d'hommes de notre globe : plusieurs peuplades sont encore anthropophages.

* Les Anglais ont fondé en Australie de grands établissements à Sidney, à Melbourne, etc., qui sont devenus très-importants depuis que l'on a découvert les riches mines d'or de ce pays.

Le mahométisme, le boudhisme, le brahmanisme et le paganisme le plus grossier sont les religions des tribus océaniennes.

L'OCÉANIE se divise en quatre parties : la Malaisie ou Notasie, la Mélanésie ou Australie, la Micronésie et la Polynésie.

* La MALAISIE comprend quatre groupes, qui sont : les Iles de la Sonde, les Célèbes, les Moluques et les Philippines. — Les **Iles de la Sonde** sont : Sumatra,

cap... *Achem,* 2 v. pr... *Siak* et *Bencoulem;* JAVA, cap... *Batavia;* BORNÉO, cap... *Bornéo;* les **Célèbes**, cap... *Boni;* les **Moluques**, 3 îles pr... GILOLO, BOURO, et AMBOINE; les **Philippines**, cap... *Manille*, 3 îles pr... LUÇON, PALAVAN et MINDANAO.

* La MÉLANÉSIE comprend : 1° l'**Australie** ou **Nouvelle Hollande**, dont les cinq comtés et leurs chefs-lieux sont... QUEENSLAND, ch.-l. *Brisbane* (An.); la NOUVELLE GALLES DU SUD, ch.-l. *Sidney* (An.); VICTORIA, ch.-l. *Melbourne* (An.); l'AUSTRALIE MÉRIDIONALE, ch.-l. *Adélaïde;* et l'AUSTRALIE OCCIDENTALE, ch.-l. *Perth.* — 2° La **Tasmanie** ou **Terre de Diémen** (An.), v. pr... *Hobartown.* — 3° La **Papouasie** ou **Nouvelle Guinée.** — 4° Six archipels, qui sont... la NOUVELLE IRLANDE, la NOUVELLE BRETAGNE, les ILES SALOMON, l'ARCHIPEL DE LA LOUISIADE, les NOUVELLES HÉBRIDES et la NOUVELLE CALÉDONIE (Fr.), v. pr... *Nouméa.* — 5° La **Nouvelle Zélande**, cap... *Aukland*, 2 îles pr... IKANA-MA-VI et TAVAI-POUNAMOU. — Et 6° quatre îles près des Antipodes de Paris... les îles *Chatam* (An.), l'*Ile Antipodes, Aukland* et *Macquarie* (An.)

* La MICRONÉSIE, qui signifie petites îles, comprend sept archipels, qui sont : 1° de MAGELLAN, 3 îles pr... *Bonin-Sima, Grampus* et *des Volcans;* 2° des MARIANNES, 2 îles pr... *Tinian* et *Gouam;* 3° des PELEW; 4° des CAROLINES, 3 îles pr... les *Iles Rouk, Hogolen* et *d'Urville;* 5° des MARSCHALL, 2 groupes pr... les îles *Radack* et *Ralick;* 6° de GILBERT et 7° d'ANSON.

* La POLYNÉSIE, qui signifie beaucoup d'îles, comprend huit archipels : 1° de SANDWICH, 2 îles pr... *Vahou* et *Havaï;* 2° des MARQUISES (Fr.), 2 îles pr... *Noukahiva* (Fr.) et *Hiva;* 3° de POMOTOU, 2 îles pr... *Gloucester* et *Gambier* (Fr.); 4° de la SOCIÉTÉ, une île pr... l'*Ile Taïti* (Fr.); 5° de COOK, 2 îles pr... *Mangia* et *Toubouai* (Fr.); 6° des NAVIGATEURS, 2 îles pr... *Samoa* et *Vallis* (Fr.); 7° des AMIS, 2 îles pr... *Vava* et *Tonga;* 8° de VITI, 2 îles pr... *Viti* et *Vanoua.*

Océanie physique.

* Les sept **MERS** sont : trois grands océans... l'*Océan Boréal*, l'*Océan Pacifique* et l'*Océan Austral*, et quatre mers... les mers *des Indes, de la Chine, des Moluques* et *du Corail*.

Les cinq **DÉTROITS** sont : deux en Malaisie... les détroits de *Malacca* et de *Macassar*, et trois dans la Mélanésie... les détroits de *Torrès*, de *Bass* et de *Cook*.

* Les deux **GOLFES** sont : l'un au nord et l'autre au sud de l'Australie... les golfes de *Carpentarie* et *Saint-Vincent*.

Les quatre **CAPS** sont autour de l'Australie... les caps *York, Sandy, Leeuven* et *Nord-Ouest*.

Productions.

* Le sol fertile de l'Océanie produit en abondance les épices, poivre, muscade, girofle, gingembre, café, sucre, riz, ananas, cocos, camphre, tabac, du bois d'ébène, de fer, de teinture, des palmiers, l'arbre à pain, du cuivre et de riches mines d'or.

Animaux. — Les épaisses forêts renferment beaucoup d'animaux dangereux : éléphants, rhinocéros, hippopotames, tigres, singes, crocodiles et des serpents boas.

* Colonies. — Les *Français* (Fr.) ont des établissements pénitenciaires pour les déportés à la Nouvelle-Calédonie, à Nouka-hiva, puis les îles Taïti, Toubouai, Gambier et Vallis.

Les *Anglais* (An.) possèdent les comtés de l'Australie, l'île Diémen, la Nouvelle Zélande, les îles Chatam, Macquarie et autres.

Les *Espagnols* (Es.) possèdent les Philippines et les Mariannes

Les *Hollandais* (Ho.) ont les îles de la Sonde, les Célèbes et les Moluques.

Les *Portugais* (Po.) ont des comptoirs dans les îles Florès et Timor.

LA FRANCE

PROVINCIALE ET DÉPARTEMENTALE

D'APRÈS LES TRAITÉS DE 1871 *(Atlas, Pl. 7e)*.

Les trente-six anciennes provinces de la France se subdivisent aujourd'hui en quatre-vingt-six départements.

RÉGION DU NORD (6 provinces).

LA FLANDRE, capitale... **Lille,** forme un département, celui du NORD, chef-lieu... *Lille,* sous-préfectures... Dunkerque, Hazebrouck, Douai, Valenciennes, Cambrai et Avesnes.

L'ARTOIS, cap... **Arras,** un dép... celui du PAS-DE-CALAIS, chef-l... *Arras,* sous-préf... Saint-Omer, Boulogne, Béthune, Montreuil et Saint-Pol.

LA PICARDIE, cap... **Amiens,** un dép... de la SOMME, ch.-l... *Amiens,* s.-pr... Doullens, Abbeville, Péronne et Montdidier.

LA NORMANDIE, cap... **Rouen,** cinq. dép... de la SEINE-INFÉRIEURE, ch.-l... *Rouen,* s.-pr... Dieppe, Neufchâtel, Yvetot et le Hâvre; — de l'EURE, ch.-l... *Evreux,* s.-pr... Pont-Audemer, Les Andelys, Louviers et Bernay; — du CALVADOS, ch.-l... *Caen,* s.-pr... Bayeux, Pont-l'Evêque, Lisieux, Falaise, Vire; — de la MANCHE, ch.-l... *Saint-Lô,* s.-pr... Cherbourg, Valognes, Coutances, Avranches et Mortain; — de l'ORNE, ch.-l... *Alençon,* s.-pr... Argenton, Mortagne et Domfront.

L'ILE DE FRANCE, cap... **Paris,** cinq dép... de la SEINE, ch.-l... *Paris,* s.-pr... Saint-Denis et Sceaux; — de SEINE-ET-OISE, ch.-l... *Versailles,* s.-pr... Pontoise, Mantes, Rambouillet, Corbeil et Etampes; — de SEINE-ET-MARNE, ch.-l... *Melun,* s.-p... Meaux, Coulommiers, Provins et Fontainebleau; — de l'OISE, ch.-l... *Beauvais,* s.-pr... Compiègne, Clermont et Senlis ; — de l'AISNE, ch.-l... *Laon,* s.-pr... Vervins, Saint-Quentin, Soissons et Château-Thierry.

LA CHAMPAGNE, cap... **Troyes**, quatre dép... de l'AUBE, ch.-l... *Troyes,* s.-pr... Arcis-sur-Aube, Nogent-sur-Seine, Bar-sur-Aube et Bar-sur-Seine ; — de la HAUTE-MARNE, ch.-l... *Chaumont,* s.-pr... Vassy et Langres ; — de la MARNE, ch.-l... *Châlons,* s.-pr... Reims, Sainte-Ménéhould, Epernay et Vitry-le-Français ; — des ARDENNES, ch.-l... *Mézières,* s.-pr... Rocroy, Sédan, Rethel et Vouziers.

RÉGION DE L'EST (6 provinces).

LA LORRAINE, cap... **Nancy**, trois dép... de MEURTHE-ET-MOSELLE, ch.-l... *Nancy,* s.-pr... Briey, Toul et Lunéville ; — de la MEUSE, ch.-l... *Bar-le-Duc,* s.-pr... Montmédy, Verdun et Commercy ; — des VOSGES, ch.-l... *Epinal,* s.-pr... Neufchâteau, Mirecourt, Saint-Dié et Remiremont.

LA FRANCHE-COMTÉ, cap... **Besançon**, trois dép... du DOUBS, ch.-l... *Besançon,* s.-pr... Montbéliard, Baume-les-Dames et Pontarlier ; — de la HAUTE-SAÔNE, ch.-l... *Vesoul,* s.-pr... Lure, Belfort et Gray ; — du JURA, ch.-l... *Lons-le-Saulnier,* s.-pr... Dôle, Poligny et Saint-Claude.

LA BOURGOGNE, cap... **Dijon**, quatre dép... de la CÔTE-D'OR, ch.-l... *Dijon,* s.-pr... Châtillon-sur-Seine, Sémur et Beaune ; — de l'YONNE, ch.-l... *Auxerre,* s.-pr... Sens, Joigny, Tonnerre et Avallon ; — de SAÔNE-ET-LOIRE, ch.-l... *Mâcon,* s.-pr... Autun, Châlon-sur-Saône, Louhans, Charolles ; — de l'AIN, ch.-l... *Bourg,* s.-pr... Gex, Nantua, Belley et Trévoux.

LE LYONNAIS, cap... **Lyon**, deux dép... du RHÔNE, ch.-l... *Lyon,* s.-pr... Villefranche ; — de la LOIRE, ch.l... *Saint-Etienne,* s.-p... Roanne et Montbrison.

LE DAUPHINÉ, cap... **Grenoble**, trois dép... de l'ISÈRE, ch.-l... *Grenoble,* s.-pr... La Tour-du-Pin, Vienne, Saint-Marcellin ; — de la DRÔME, ch.-l... *Valence,* s.-p... Die, Montélimart, Nyons ; — des HAUTES-ALPES, ch.-l... *Gap,* s.-pr... Briançon, Embrun.

LA SAVOIE, cap... **Chambéry**, deux dép... de la SAVOIE, ch.-l... *Chambéry*, s.-pr... Albertville, Moutiers, Saint-Jean-de-Maurienne ; — de la HAUTE-SAVOIE, ch.-l... *Annecy*, s.-pr... Thonon, Bonneville, Saint-Julien.

RÉGION DU SUD (9 provinces).

LE COMTÉ DE NICE, cap... **Nice**, un dép... des ALPES-MARITIMES, ch.-l... *Nice*, s.-pr... Puget-Théniers, et Grasse.

LA PROVENCE, cap... **Aix**, 3 dép... des BOUCHES-DU-RHÔNE, ch.-l... *Marseille*, s.-pr... Arles, Aix ; — du VAR, ch.-l... *Draguignan*, s.-pr... Brignolles, Toulon ; — des BASSES-ALPES, ch.-l... *Digne*, s.-pr... Barcelon-nette, Sisteron, Forcalquier, Castellane.

LE COMTAT VENAISSIN, cap... **Avignon**, un dép... de VAUCLUSE, ch.-l... *Avignon*, s.-pr... Orange, Carpentras, Apt.

LE LANGUEDOC, cap... **Toulouse**, huit dép... de la HAUTE-GARONNE, ch.-l... *Toulouse*, s.-pr... Muret, Villefranche, Saint-Gaudens ; — du TARN, ch.-l... *Alby*, s.-pr... Gaillac, Lavaur, Castres ; — de l'AUDE, ch.-l... *Carcassonne*, s.-pr... Castelnaudary, Narbonne, Limoux ; — de l'HÉRAULT, ch.-l... *Montpellier*, s.-pr... Lodève, Saint-Pons, Béziers ; — du GARD, ch.-l... *Nîmes*, s.-pr... Alais, Uzès, Le Vigan ; — de la LOZÈRE, ch.-l... *Mende*, s.-pr... Marvejols, Florac ; — de l'ARDÈCHE, ch.-l... *Privas*, s.-pr... Tournon, Argentière ; — de la HAUTE-LOIRE, ch.-l... *Le Puy*, s.-pr... Brioude, Yssingeaux.

LE ROUSSILLON, cap... **Perpignan**, un dép... des PYRÉNÉES-ORIENTALES, ch.-l... *Perpignan*, s.-pr... Prades, Céret.

LE COMTÉ DE FOIX, cap... **Foix**, un dép... de l'ARIÉGE, ch.-l... *Foix*, s.-pr... Pamiers, Saint-Girons.

LE BÉARN, cap... **Pau**, un dép... des BASSES-PYRÉNÉES, ch.-l... *Pau*, s.-pr... Bayonne, Orthez, Mauléon, Oloron.

LA GASCOGNE, cap... **Auch**, trois dép... du GERS, ch.-l... *Auch*, s.-pr... Condom, Lectoure, Lombez, Mirande ; — des LANDES, ch.-l... *Mont-de-Marsan*, s.-pr...

Dax, Saint-Séver ; — des Hautes-Pyrénées , ch.-l...
Tarbes, s.-pr... Bagnères, Argelès.

LA CORSE, cap... **Bastia**, un dép... de la Corse,
ch.-l... *Ajaccio*, s.-pr... Bastia, Calvi, Corté, Sartène.

RÉGION DE L'OUEST (7 provinces).

LA GUYENNE, cap... **Bordeaux**, six dép... de la
Gironde, ch.-l... *Bordeaux*, s.-pr... Lesparre, Blaye,
Libourne, La Réole, Bazas ; — de la Dordogne, ch.-l...
Périgueux, s.-p... Nontron, Ribérac, Sarlat, Bergerac ;
— de Lot-et-Garonne, ch.-l. *Agen*, s.-pr... Marmande,
Villeneuve, Nérac ; — de Tarn-et-Garonne, ch.-l...
Montauban, s.-pr... Moissac, Castelsarrasin ; — du Lot,
ch.-l... *Cahors*, s.-pr... Gourdon, Figeac ; — de l'A-
veyron, ch.-l... *Rodez*, s.-pr... Espalion, Villefranche,
Milhau, Saint-Affrique.

LA SAINTONGE, cap... **La Rochelle**, un dép...
de la Charente-Inférieure, ch.-l... *La Rochelle*, s.-pr...
Rochefort, Saint-Jean-d'Angély, Marennes, Saintes,
Jonzac.

L'ANGOUMOIS, cap... **Angoulême**, un dép... de
la Charente, ch.-l... *Angoulême*, s.-pr... Ruffec, Con-
folens, Cognac, Barbezieux.

LE POITOU, cap... **Poitiers**, trois dép... de la
Vienne, ch.-l... *Poitiers*, s.-pr... Loudun, Châtellerault,
Montmorillon, Civray ; — des Deux-Sèvres, ch.-l... *Niort*,
s.-pr... Bressuire, Parthenay, Melle ; — de la Vendée,
ch.-l... *La Roche-sur-Yon*, s.-pr... les Sables-d'Olonne,
Fontenay-le-Comte.

L'ANJOU, cap... **Angers**, un dép... de Maine-et-
Loire, ch.-l... *Angers*, s.-pr... Segré, Baugé, Saumur,
Chollet.

LE MAINE, cap... **Le Mans**, deux dép... de la Sarthe,
ch.-l... *Le Mans*, s.-pr... Mamers, Saint-Calais, La Flè-
che ; — de la Mayenne, ch.-l... *Laval*, s.-pr... Mayenne,
Château-Gontier.

LA BRETAGNE, cap... **Rennes**, cinq dép.,. de
l'Ille-et-Vilaine, ch.-l. Rennes, s.-pr... Saint-Mâlo, Fou-
gères, Montfort, Vitré, Redon ; — des Côtes-du-Nord,

ch.-l... *Saint-Brieuc*, s.-pr... Lannion, Guingamp, Dinan, Loudéac ; — du Finistère, ch.-l... *Quimper*, s.-pr... Brest, Morlaix, Châteaulin, Quimperlé ; — du Morbihan, ch.-l... *Vannes*, s.-pr... Pontivy, Ploërmel, Lorient ; — de la Loire-Inférieure, ch.-l... *Nantes*, s.-pr... Châteaubriant, Ancenis, Saint-Nazaire, Paimbœuf.

RÉGION DU CENTRE (8 provinces).

L'ORLÉANAIS, cap... **Orléans**, trois dép... du Loiret, ch.-l... *Orléans*, s.-pr... Pithiviers, Montargis, Gien ; — d'Eure-et-Loir, ch.-l... *Chartres*, s.-p... Dreux, Nogent-le-Rotrou, Châteaudun ; — de Loir-et-Cher, ch.-l... *Blois*, s.-pr... Vendôme, Romorantin.

LA TOURAINE, cap... **Tours**, un dép... d'Indre-et-Loire, ch.-l... *Tours*, s.-pr... Chinon, Loches.

LE BERRY, cap... **Bourges**, deux dép... du Cher, ch.-l... *Bourges*, s.-pr... Sancerre, Saint-Amand ; — de l'Indre, ch.-l... *Châteauroux*, s.-pr... Issoudun, Le Blanc, La Châtre.

LE NIVERNAIS, cap... **Nevers**, un dép... de la Nièvre, ch.-l... *Nevers*, s.-pr... Cosne, Clamecy, Château-Chinon.

LE BOURBONNAIS, cap... **Moulins**, un dép... de l'Allier, ch.-l... *Moulins*, s.-pr... Montluçon, La Palisse, Gannat.

LA MARCHE, cap... **Guéret**, un dép... de la Creuse, ch.-l... *Guéret*, s.-p r... Boussac, Bourganeuf, Aubusson.

LE LIMOUSIN, cap... **Limoges**, deux dép... de la Haute-Vienne, ch.-l... *Limoges*, s.-pr... Bellac, Rochechouart, Saint-Yrieix ; — de la Corrèze, ch.-l... *Tulle*, s.-pr... Ussel, Brives-la-Gaillarde.

L'AUVERGNE, cap... **Clermont**, deux dép... du Puy-de-Dôme, ch.-l... *Clermont-Ferrand*, s.-pr... Riom, Thiers, Ambert, Issoire ; — du Cantal, ch.-l... *Aurillac*, s.-pr... Mauriac, Murat, Saint-Flour.

L'ALGÉRIE, forme 3 dép. ou provinces : Alger, ch.-l... *Alger*, s.-pr... Blidah, Médéah, Milianah ; —

Constantine, ch.-l... *Constantine*, s.-pr... Philippeville, Guelma, Sétif; — Oran, ch.-l... *Oran*, s.-pr... Mascara, Tlemcen, Mostaganem.

Nommez avec ch.-l. et s.-pr. les neuf départements maritimes sur les mers du Nord et de la Manche (voir le tableau pour les préf. et les s.-préf.) : départements du *Nord*, du *Pas-de-Calais*, de la *Somme*, de la *Seine-Inférieure*, du *Calvados*, de la *Manche*, de l'*Ille-et-Vilaine*, des *Côtes-du-Nord* et du *Finistère*.

Les huit sur l'Océan Atlantique : le *Finistère*, le *Morbihan*, la *Loire-Inférieure*, la *Vendée*, la *Charente-Inférieure*, la *Gironde*, les *Landes* et les *Basses-Pyrénées*.

Les cinq limitrophes à l'Espagne : les *Basses-Pyrénées*, les *Hautes-Pyrénées*, la *Haute-Garonne*, l'*Ariége* et les *Pyrénées-Orientales*.

Les sept maritimes à la Méditerranée : les *Pyrénées-Orientales*, l'*Aude*, l'*Hérault*, le *Gard*, les *Bouches-du-Rhône*, le *Var* et les *Alpes-Maritimes*.

Les cinq limitrophes à l'Italie : les *Alpes-Maritimes*, les *Basses-Alpes*, les *Hautes-Alpes*, la *Savoie* et la *Haute-Savoie*.

Les quatre frontières à la Suisse : la *Haute-Savoie*, l'*Ain*, le *Jura* et le *Doubs*.

Les quatre frontières à l'Allemagne : la *Haute-Saône*, les *Vosges*, la *Meurthe-et-Moselle* et la *Meuse*.

Les trois frontières à la Belgique : les *Ardennes*, l'*Aisne* et le *Nord*.

Les sept parcourus par la Seine : la *Côte-d'Or*, l'*Aube*, la *Seine-et-Marne*, la *Seine-et-Oise*, la *Seine*, l'*Eure* et la *Seine-Inférieure*.

Les douze arrosés par la Loire : l'*Ardèche*, la *Haute-Loire*, la *Loire*, la *Saône-et-Loire*, l'*Allier*, la *Nièvre*, le *Cher*, le *Loiret*, le *Loir-et-Cher*, l'*Indre-et-Loire*, le *Maine-et-Loire* et la *Loire-Inférieure*.

Les cinq baignés par la Garonne : la *Haute-Garonne*, le *Tarn-et-Garonne*, le *Lot-et-Garonne*, la *Gironde* et la *Charente-Inférieure*.

Les cinq sur la rive droite du Rhône : l'*Ain*, le *Rhône*, la *Loire*, l'*Ardèche* et le *Gard*.

Les six sur la rive gauche du Rhône : la *Haute-Savoie*, la *Savoie*, l'*Isère*, la *Drôme*, la *Vaucluse* et les *Bouches-du-Rhône*.

Les seize sur le méridien de Paris : le *Nord*, le *Pas-de-Calais*, la *Somme*, l'*Oise*, la *Seine-et-Oise*, la *Seine*, le *Loiret*, le *Cher*, l'*Allier*, la *Creuse*, la *Corrèze*, le *Cantal*, l'*Aveyron*, le *Tarn*, l'*Aude* et les *Pyrénées-Orientales*.

LA FRANCE PHYSIQUE.

ATLAS, *Pl. 8ᵉ.*

La FRANCE, qui se nommait autrefois la GAULE, est située entre les 42ᵉ et 51ᵉ degrés de latitude Nord et les 6ᵉ et 7ᵉ de longitude Est et Ouest ; son climat est tempéré, son sol fertile et bien cultivé, son industrie et son commerce sont très-développés et l'instruction fort répandue.

La population de la France est de 38.000.000 d'habitants presque tous catholiques.

Ses grands fleuves forment quatre **BASSINS PRINCIPAUX :** la *Seine*, la *Loire*, la *Garonne* et le *Rhône*, auxquels il faut ajouter douze bassins secondaires.

COURS DE LA SEINE.

* La SEINE prend sa source en Bourgogne, départ. de la Côte-d'Or, au mont... *Tasselot* (haut de 600 mètres) ; elle arrose les sept départ. de... *Côte-d'Or, Aube, Seine-et-Marne, Seine-et-Oise, Seine, Eure* et *Seine-Inférieure ;* passe par les dix-sept villes de... *Chatillon-sur-Seine, Bar-sur-Seine, Troyes, Méry,* où elle devient navigable, *Nogent-sur-Seine, Montereau, Melun, Corbeil, Paris, Saint-Denis, Mantes, Les Andelys, Pont-de-l'Arche, Elbeuf, Rouen, Caudebec, Honfleur* et *Le Hâvre.*

* Elle reçoit sur sa rive droite les quatre rivières de... l'*Aube,* la *Marne,* l'*Oise,* grossie de l'Aisne, et l'*Epte ;* sur sa rive gauche les trois rivières de... l'*Yonne,* grossie de l'Armançon, l'*Eure* et la *Rille ;* elle se jette dans la... *Manche,* après un cours de... *670 kilom.,* entre les villes du Hâvre et Honfleur.

COURS DE LA LOIRE.

La LOIRE prend sa source dans le départ. de l'Ardèche, au mont... *Gerbier-des-Joncs* (haut de 1.560 mètres) ; arrose les douze départ. de... *Ardèche, Haute-Loire,*

Loire, Saône-et-Loire, Allier, Nièvre, Cher, Loiret, Loir-et-Cher, Indre-et-Loire, Maine-et-Loire et *Loire-Inférieure*; passe par les dix-huit villes de... *Le Puy, Saint-Rambert*, où elle devient navigable, *Roanne, Digoin, Nevers, Sancerre, Cosne, Briare, Gien, Orléans, Beaugency, Blois, Tours, Saumur, Ancenis, Nantes, Paimbœuf* et *Saint-Nazaire*.

Elle reçoit sur sa rive droite les trois rivières de... l'*Arroux*, la *Nièvre* et la *Maine*, formée par le Loir, la Sarthe et la Mayenne; et sur sa rive gauche les six rivières de... l'*Allier*, le *Loiret*, le *Cher*, l'*Indre*, la *Vienne*, grossie de la Creuse, et la *Sèvre-Nantaise*. Elle se jette dans... l'*Océan Atlantique*, entre les villes de... *Paimbœuf* et *Saint-Nazaire*, après un cours de... *1.000 kilomètres*.

COURS DE LA GARONNE.

La GARONNE prend sa source dans les Pyrénées espagnoles, au val... d'*Aran;* arrose les cinq départ. de... *Haute-Garonne, Tarn-et-Garonne, Lot-et-Garonne, Gironde* et *Charente-Inférieure;* passe par les dix villes de... *Saint-Gaudens, Muret, Toulouse, Castel-Sarasin, Moissac, Agen, Marmande, La Réole, Bordeaux* et *Blaye*.

Les quatre affluents, rive droite, sont... l'*Ariége*, le *Tarn*, grossi de l'Aveyron, le *Lot* et la *Dordogne*, grossie de l'Isle et de la Vézère; les deux affluents, rive gauche, sont... la *Save* et le *Gers;* elle va se jeter dans... l'*Océan Atlantique*, sous le nom de *Gironde*, près la tour de... *Cordouan*, après un cours de... *510 kilomètres*.

COURS DU RHÔNE.

Le RHÔNE a sa source en Suisse, au mont... *Furca*, haut de 2.430 mètres; traverse le lac de... *Genève;* les cinq départ. sur sa rive droite, sont... l'*Ain*, le *Rhône*, la *Loire*, l'*Ardèche* et le *Gard;* les six départ. rive gauche, sont... *Haute-Savoie, Savoie, Isère, Drôme, Vaucluse* et *Bouches-du-Rhône;* les treize villes situées sur son parcours sont... *Genève, Seyssel* (où il devient navigable), *Lyon*, *Vienne*, *Tournon*, *Valence*, *Montélimard*, *Viviers*, *Pont-Saint-Esprit*, *Avignon*, *Beaucaire*, *Tarascon* et *Arles*. Il reçoit à droite les quatre rivières de... l'*Ain*, la *Saône*, grossie du Doubs, l'*Ardèche* et le *Gard;* et trois sur sa rive gauche... l'*Isère*, la *Drôme* et la *Durance;* il se jette dans... la *Méditerranée*, après un cours rapide... *de 860 kilomètres.*

· Les douze **BASSINS SECONDAIRES** principaux sont : quatre au Nord, — 1° la MOSELLE, qui arrose en France les deux départements des *Vosges* et de *Meurthe-et-Moselle;* passe par les six villes de *Remiremont, Épinal, Toul, Metz, Trèves* et *Coblentz,* où elle se jette dans le *Rhin.* 2° la MEUSE, qui arrose en France les quatre départ. de *Haute-Marne, Vosges, Meuse* et *Ardennes;* passe par les villes de *Neufchâteau, Commercy, Verdun, Sedan, Mézières, Namur, Liége,* etc., et va se jeter dans la *Mer du Nord* en Hollande.

· 3° L'ESCAUT, arrosant les deux départ. de l'*Aisne* et du *Nord;* passe par les villes de *Cambrai* et *Valenciennes* en France; traverse la *Belgique,* et se jette dans la *Mer du Nord* en Hollande. 4° La SOMME, qui arrose les deux départ. de l'*Aisne* et de la *Somme;* passe par les quatre villes de *Saint-Quentin, Péronne, Amiens* et *Abbeville,* et se jette dans la *Manche.*

· Cinq à l'Ouest, — 1° l'ORNE, qui arrose les deux départ. de l'*Orne* et du *Calvados;* passe par *Argentan* et *Caen,* et se jette dans la *Manche.* 2° La VILAINE, qui arrose les deux départ. de l'*Ille-et-Vilaine* et du *Morbihan;* passe par les villes de *Rennes* et *Redon,* et se jette dans l'*Océan.* 3° La SÈVRE-NIORTAISE, arrose les deux départ. des *Deux-Sèvres* et de *La Vendée;* passe à *Niort,* et se jette dans l'*Océan.* 4° La CHARENTE, qui arrose les trois départ. de *Charente, Vienne* et *Charente-Inférieure;* passe par les six villes de *Civray, Ruffec, Angoulême, Cognac, Saintes* et *Rochefort,* où elle se jette dans l'*Océan.* 5° L'ADOUR, qui arrose les trois départements des *Hautes-Pyrénées,* des *Landes* et des *Basses-Pyrénées;* passe par les cinq villes de *Bagnères, Tarbes, Saint-Sever, Dax* et *Bayonne,* et se jette dans l'*Océan.*

· Trois sur la Méditerranée, qui sont : 1° l'AUDE, arrosant les deux départ. de *Pyrénées-Orientales*, et de *l'Aude*; passant par *Limoux*, *Carcassonne* et *Narbonne*, et se jetant dans la *Méditerranée*. 2° L'HÉRAULT, qui arrose les départ. du *Gard* et de l'*Hérault*, et se jette dans la *Méditerranée*. 3° le VAR, qui arrose le départ. des *Alpes-Maritimes*; passe par *Puget-Théniers*, et se jette dans la *Méditerranée*.

* Les quatre **MERS** sont : deux au Nord... la *Mer du Nord* et la *Manche*; une à l'Ouest... l'*Océan Atlantique*, et une au Sud... la *Mer Méditerranée*.

Les quatre **DÉTROITS** ou **PERTUIS** sont : un au Nord... le *Pas-de-Calais*; deux dans l'Océan... les pertuis *Breton* et d'*Antioche*, et un au sud de la Corse... le dét. de *Bonifacio*.

Les six **CAPS** sont : trois sur la Manche... les caps *Gris-Nez*, de *Barfleur* et de la *Hague*; deux dans le Finistère... la *Pointe-du-Raz* et la *Pointe-du-Penmark*, et un en Corse... le *cap Corse*.

* Les onze **GOLFES**, **BAIES** ou **BASSINS** sont : trois dans la Manche... les baies de la *Seine*, de *Cancale* et de *Saint-Brieuc*; cinq dans l'Océan... les baies de *Brest*, de *Douarnenez*, du *Morbihan*, le *bassin d'Arcachon* et le *golfe de Gascogne*, et trois dans la Méditerranée... le *golfe du Lion*, la *baie de la Ciotat* et le *golfe de Fréjus*.

* Les dix-sept **ILES** sont : six dans la Manche... les îles d'*Aurigny*, de *Guernesey* et de *Gersey* (qui appartiennent aux Anglais), puis les *Minquières*, les *Sept-Iles* et l'*île de Bas*; huit dans l'Océan... les îles d'*Ouessant*, de *Glénans*, de *Groix*, *Belle-Ile*, de *Noirmoutier*, d'*Yeu*, de *Ré* et d'*Oléron*, et trois dans la Méditerranée... les îles d'*Hyères*, de *Lérins* et de *Corse*.

* Les huit **LACS** ou **ÉTANGS** de la France sont : trois en Savoie... les lacs de *Genève*, d'*Annecy* et du *Bourget*; un dans la Loire-Inférieure... le *lac de Grand-Lieu*; deux dans la Gironde... les étangs de *Carcans* et de la *Canau*, et deux près des Bouches-du-Rhône... les étangs de *Thau* et de *Berre*.

Les seize **CANAUX** principaux sont : pour le bassin de la Seine, ceux de SAINT-QUENTIN... *qui joint l'Oise à l'Escaut*; de la SAMBRE... *qui joint l'Oise à la Sambre*; des ARDENNES... *qui joint l'Aisne à la Meuse*: de la

Marne au Rhin... *qui joint la Marne à la Meuse, à la Moselle et au Rhin*, et de Bourgogne... *qui joint l'Yonne à la Saône.*

*Pour le bassin de la Loire, ceux de Nantes à Brest... *qui unit la Loire à la baie de Brest*; d'Ille et Rance... *qui unit la Vilaine à la Rance*; d'Orléans, de Briare et du Loing... *qui unissent la Loire à la Seine*; du Nivernais... *qui unit l'Yonne à la Loire*; du Centre ou de Digoin... *qui unit la Loire à la Saône*; du Berry... *qui unit le Cher à la Loire.*

*Pour le bassin de la Garonne, ceux du Midi ou du Languedoc... *qui unit la Garonne à l'étang de Thau*, et le canal de Beaucaire... *qui unit l'étang de Thau au Rhône.*

Pour le bassin du Rhône, le canal de l'Est ou du Rhône au Rhin... *qui joint le Doubs au Rhin.*

On peut encore citer les canaux latéraux à la Somme, à la Loire et à la Garonne; puis les canaux situés dans le département du Nord; celui de l'Ourcq, dans la Seine, et le canal de Craponne, dans les Bouches-du-Rhône... *qui unit la Durance au Rhône.*

Les six **MONTAGNES** sont : au Sud les Pyrénées, dont les quatre monts ou pics sont... le *pic du Midi*, haut de 2.900 mètres; le *mont Vignemale*, 3.350 m.; le *pic Nethou*, 3.570 m.; le *mont Vallier*, 2.810 m., et le *Canigou*, 2.780 m. — Les Cévennes, en Languedoc, dont les deux monts sont... le *mont Lozère*, 1.690 m.; le *mont Gerbier-des-Joncs*, 1.560 m. — Les Monts-d'Auvergne, dont les trois monts sont... le *mont Cantal*, 1.850 m.; le *mont Dore*, 1.880 m.; le *Puy-de-Dôme*, 1.460 m. — A l'Est les Alpes, dont les quatre monts sont... le *mont Viso*, 3.830 m.; le *mont Pelvoux*, 4.100 m.; le *mont Cenis*, 3.490 m.; le *mont Blanc*, 4.810 m. — Le Jura, près de la Suisse, et les Vosges en Lorraine.

Des **ROCHERS** dans la Manche qui sont... les *rochers du Calvados.*

Les dix-sept **PORTS MARCHANDS** principaux sont... *Dunkerque, Calais, Boulogne, Dieppe, Fécamp, Le Havre, Saint-Mâlo, Saint-Brieuc, Saint-Nazaire, La Rochelle, Bordeaux, Bayonne, Cette, Marseille, Antibes, Nice et Ajaccio.*

Les **COLONIES FRANÇAISES** sont : en Asie, *Pondichéry*, *Mahé*, *Karikal*, *Chandernagor* et *Saïgon*.

En Afrique : l'*Algérie*, cap. Alger, le *Sénégal*, cap. Saint-Louis, la *Réunion*, *Sainte-Marie*, *Mayotte* et *Nossi-Bé*.

En Amérique : *Saint-Pierre*, *Miquelon*, *Martinique*, *Guadeloupe*, *Marie-Galande* et la *Guyane*, capitale *Cayenne*.

En Océanie : les *Iles Marquises*, *Pomotou*, *Taïti* et la *Nouvelle-Calédonie*, v. pr. *Nouméa*.

Addition à la France physique muette.

MONTAGNES et COLLINES servant de lignes de partage des eaux, ou de limites aux bassins.

Pour le bassin de la Seine, — cinq au Nord et à l'Est... les collines de *Caux*, de *Picardie*, les *Ardennes occidentales*, l'*Argonne occidentale* et le *Plateau-de-Langres* ; et six au Sud... les monts de la *Côte-d'Or*, du *Morvan*, collines du *Nivernais*, *Plateau-d'Orléans*, collines du *Perche* et de *Lieuvin*.

Pour le bassin de la Loire, — onze au Nord et à l'Est... les collines du *Maine*, de *Normandie*, du *Perche*, *Plateau-d'Orléans*, collines du *Nivernais*, monts du *Morvan*, de la *Côte-d'Or*, du *Charollais*, du *Beaujolais*, du *Lyonnais* et du *Vivarais* ; et six au Sud... les monts de la *Margeride*, d'*Auvergne*, du *Limousin*, du *Poitou*, le *Plateau-de-Gatine* et les *Monts-des-Alouettes*.

Pour le bassin de la Garonne, — neuf au Nord et à l'Est... les collines de *Saintonge*, du *Périgord*, les monts du *Limousin*, d'*Auvergne*, de la *Margeride*, du *Gévaudan*, de *Garigues*, les *Montagnes-Noires* et les *Corbières occidentales* ; et deux à l'Ouest... les collines d'*Armagnac* et *Bordelaises*.

Pour le bassin du Rhône, — huit à l'ouest du Sud au Nord... les monts du *Gévaudan*, du *Vivarais*, du *Lyonnais*, du *Beaujolais*, du *Charollais*, le *Plateau-de-Langres*, les *Monts-Faucilles* et le *Jura septentrional* ; et dix à l'est du Nord au Sud... le *Jura*, le *Jura méridional*, les *Alpes-Bernoises*, *Rhétiques*, *Pennines*, *Grées*, du *Dauphiné*, *Cottiennes*, *Maritimes* et de *Provence*.

Pour les bassins secondaires nous en citerons encore une en Artois... les collines d'*Artois*; deux en Bretagne... les monts de *Bretagne* et d'*Arrée*; trois dans les Pyrénées... les *Pyrénées-Occidentales*, *Centrales* et *Orientales*; et deux en Lorraine... les *Vosges* et l'*Argonne orientale*.

LA FRANCE

AVEC SES CHEMINS DE FER

ET SES FORTIFICATIONS (*Atlas*, *Pl. 9e*).

PARIS est le centre des chemins de fer français, dont le réseau, déjà considérable, s'augmente tous les jours. Cependant en proportion des habitants, l'Angleterre occupe le premier rang, avec 25.000 kilomètres, soit 800 kilomètres par million d'habitants. Viennent ensuite la Belgique, la Suisse, l'Allemagne, le Danemark. La France n'arrive qu'au sixième rang avec 18.000 kilom., soit 490 par million d'habitants. Avant peu, l'Allemagne aura dépassé l'Angleterre par ses nouveaux réseaux de chemins de fer stratégiques qui excèderont 4.000 kilom. Les États-Unis possèdent 100.000 kilom. de voies ferrées, autant que l'Europe entière.

On peut diviser nos chemins de fer en six grandes lignes principales et en quatre lignes secondaires.

Les six lignes principales sont : celles du *Nord*, de l'*Est*, de *Lyon*, d'*Orléans*, de l'*Ouest* et du *Midi*.

LA LIGNE DU NORD, — DE PARIS A LA BELGIQUE, — par *Amiens*, *Arras*, *Douai* et *Lille*, sillonne tout le nord de la France par ses nombreux embranchements sur les ports de mer de la Manche et dans la direction de l'Est.

LA LIGNE DE L'EST — OU DE PARIS A STRASBOURG, — par *Châlons*, *Bar-le-Duc* et *Nancy*. Une seconde ligne principale va DE PARIS A BELFORT par *Troyes, Chaumont* et *Vesoul*. Ces deux lignes sont en communication avec celles du Nord, des Ardennes, de Lyon et avec la Suisse et l'Allemagne.

LA LIGNE DE LYON — ou PARIS-LYON-MÉDITER-RANÉE, — va de Paris à Nice par *Dijon, Lyon* et *Marseille*. Ses ramifications, qui s'étendent dans tout le Sud-Est, vont en Suisse et en Italie ; l'une traverse le mont *Cenis* par un tunnel de 12.500 mètres.

LA LIGNE D'ORLÉANS comprend quatre lignes : 1° celle DE PARIS A ORLÉANS, avec embranchement sur *Vendôme* et *Tours* ; 2° celle D'ORLÉANS A BREST, par *Tours, Nantes* et *Vannes* ; 3° celle DE TOURS A BORDEAUX, par *Poitiers* et *Angoulême* ; et 4° celle du CENTRE, allant d'Orléans à Vierzon, où elle se bifurque d'un côté vers *Bourges* et *Nevers*, et de l'autre vers *Limoges, Périgueux* et *Agen*.

LA LIGNE DE L'OUEST se subdivise en deux branches : 1° celle de BRETAGNE, par *Versailles, Chartres, Rennes* et *Brest*, avec embranchement sur Dreux, Argentan et Granville ; 2° celle de NORMANDIE, par *Mantes, Rouen* et *Le Havre*. Une grande artère de cette ligne va *de Mantes à Cherbourg* par Evreux et Caen.

LA LIGNE DU MIDI, — DE BORDEAUX A MONTPELLIER, — par *Agen, Toulouse* et *Carcassonne*. Deux de ses embranchements vont en Espagne, l'un par Bayonne et l'autre par Perpignan.

Les quatre lignes secondaires sont : 1° celle des ARDENNES, allant *de Metz à Mézières* ; 2° du BOURBONNAIS, *de Corbeil à Lyon,* par Nevers, Moulins et Roanne ; 3° le GRAND-CENTRAL, *de Bordeaux à Lyon,* avec deux lignes parallèles, l'une passant par Périgueux, Tulle, Clermont et Montbrison, et l'autre par Aurillac, Le Puy et Saint-Etienne ; 4° la ligne des CHARENTES, dans le département de ce nom.

Outre les grandes voies que nous venons de citer, et dont les nombreux embranchements desservent toutes les villes de quelque importance, nous ajouterons :

Le *Chemin de Ceinture,* entourant Paris dans l'enceinte de ses fortifications.

Le *Chemin de Circonvallation*, qui entoure le département de la Seine avec une circonférence de 145 kilom.

Le *Grand Chemin de Circonvallation*, passant par Amiens, Rouen, Chartres, Orléans, Troyes, Châlons et Laon.

EXERCICES.

Nommez les provinces, départements et villes desservis par les grandes lignes suivantes :

1º DE PARIS A LA BELGIQUE, — parcourant les provinces de : *Ile-de-France*, de *Picardie*, d'*Artois* et de *Flandre*, et les départements de *Seine*, *Seine-et-Oise*, *Oise*, *Somme*, *Pas-de-Calais* et *Nord ;* — passant par les villes de *Saint-Denis*, *Creil*, *Clermont*, *Amiens*, *Arras*, *Douai* et *Lille*.

2º DE PARIS A STRASBOURG, — parcourant l'*Ile-de-France*, la *Champagne* et la *Lorraine*, et passant dans les départements de *Seine*, *Seine-et-Oise*, *Seine-et-Marne*, *Aisne*, *Marne*, *Meuse*, et *Meurthe-et-Moselle ;* les villes desservies sont *Meaux*, *Château-Thierry*, *Epernay*, *Châlons*, *Vitry-le-Français*, *Bar-le-Duc*, *Commercy*, *Toul*, *Nancy* et *Lunéville*.

3º DE PARIS A BELFORT, — traversant les provinces de : *Ile-de-France*, de *Champagne* et *Franche-Comté*, et les départements de *Seine*, *Seine-et-Oise*, *Seine-et-Marne*, *Aube*, *Haute-Marne*, et *Haute-Saône ;* les villes parcourues sont : *Nogent-sur-Seine*, *Troyes*, *Bar-sur-Aube*, *Chaumont*, *Langres*, *Vesoul* et *Lure*.

4º DE PARIS A NICE, — traversant les provinces de : *Ile-de-France*, *Bourgogne*, *Lyonnais*, *Dauphiné*, *Comtat d'Avignon*, *Provence* et *Comté de Nice ;* les départements parcourus sont *Seine*, *Seine-et-Oise*, *Seine-et-Marne*, *Yonne*, *Côte-d'Or*, *Saône-et-Loire*, *Rhône*, *Isère*, *Drôme*, *Vaucluse*, *Bouches-du-Rhône*, *Var* et *Alpes-Maritimes ;* les villes desservies sont : *Melun*, *Fontainebleau*, *Sens*, *Joigny*, *Tonnerre*, *Dijon*, *Beaune*, *Châlon-sur-Saône*, *Mâcon*, *Villefranche*, *Lyon*, *Vienne*, *Valence*, *Montélimar*, *Avignon*, *Arles*, *Marseille* et *Toulon*.

5º DE PARIS A AGEN, — passant par les provinces de : *Ile-de-France*, *Orléanais*, *Berry*, *Marche*, *Limousin* et *Guyenne ;* parcourant les départements de *Seine*, *Seine-et-Oise*, *Loiret*, *Loir-et-Cher*, *Cher*, *Indre*, *Creuse*, *Haute-Vienne*, *Dordogne*, et *Lot-et-Garonne*. Cette ligne passe par les villes d'*Etampes*, *Orléans*, *Vierzon*, *Issoudun*, *Châteauroux*, *La Souterraine*, *Limoges*, *Périgueux* et *Villeneuve*.

6º D'ORLÉANS A BREST, — traversant les provinces de : *Orléanais*, *Touraine*, l'*Anjou* et la *Bretagne*, et les départements de : *Loiret*, *Loir-et-Cher*, *Indre-et-Loire*, *Maine-et-Loire*, *Loire-Inférieure*, *Morbihan* et *Finistère*.

7º DE TOURS A BORDEAUX, — passant par les provinces de : *Touraine*, *Poitou*, *Angoumois* et *Guyenne*, et les départements de : *Indre-et-Loire*, *Vienne*, *Charente* et *Gironde ;* les villes desservies sont : *Châtellerault*, *Poitiers*, *Civray*, *Ruffec*, *Angoulême*, *Coutras* et *Libourne*.

8o DE PARIS A BREST, — traversant les provinces de : *Ile-de-France, Orléanais*, le *Maine* et la *Bretagne*, et les départements de : *Seine, Seine-et-Oise, Eure-et-Loir, Sarthe, Mayenne, Ille-et-Vilaine, Côtes-du-Nord* et *Finistère*; passant par les villes de *Versailles, Saint-Cyr, Chartres, Nogent-le-Rotrou, Le Mans, Laval, Vitré, Rennes, Montfort, Saint-Brieuc, Guingamp, Morlaix* et *Brest*.

9o DE SAINT-CYR A GRANVILLE, — provinces parcourues : *Ile-de-France, Orléanais* et *Normandie*; départements : *Seine-et-Oise, Eure-et-Loir, Eure, Orne, Calvados* et *Manche*; villes : *Dreux, Argentan* et *Vire*.

10o DE PARIS AU HAVRE, — provinces : *Ile-de-France* et *Normandie*; départements : *Seine, Seine-et-Oise, Eure* et *Seine-Inférieure*; villes : *Mantes, Louviers, Rouen, Yvetot* et *Le Havre*.

11o DE MANTES A CHERBOURG, — provinces : *Ile-de-France* et *Normandie*; départements : *Seine-et-Oise, Eure, Calvados* et *Manche*; villes : *Evreux, Bernay, Lisieux, Caen, Bayeux* et *Valogne*.

12o DE BORDEAUX A MONTPELLIER, — provinces : *Guyenne* et *Languedoc*; départements : *Gironde, Lot-et-Garonne, Tarn-et-Garonne, Haute-Garonne, Aude* et *Hérault*; villes : *La Réole, Marmande, Agen, Moissac, Montauban, Toulouse, Villefranche, Castelnaudary, Carcassonne, Narbonne, Béziers* et *Cette*.

NOTA. — Le maître pourra multiplier ces exercices et les faire compléter par les productions et l'historique.

Fortifications.

Les principales places fortes de France sont :

Treize dans le Nord et le Pas-de-Calais... *Dunkerque, Hazebrouck, Lille, Douai, Valenciennes, Cambrai, Avesnes, Calais, Boulogne, Saint-Omer, Béthune, Montreuil* et *Arras*.

Six dans la Somme et l'Aisne : *Abbeville, Doullens, Péronne, Guise, Saint-Quentin* et *Laon*.

Huit sur la frontière d'Allemagne : *Rocroy, Givet, Sedan, Longwy, Montmédy, Verdun, Toul* et *Belfort*.

Six sur la frontière Suisse : *Langres, Montbéliard, Besançon, Salins,* fort de *Joux* et le *fort l'Ecluse*.

Neuf sur la frontière d'Italie : Le *fort Barraux, Grenoble, Briançon, Quayras, Embrun, Tournoux, Barcelonnette, Colmars* et *Sisteron*.

Dix sur la Méditerranée : *Antibes, Saint-Tropez, Toulon, Marseille, Aigues-Mortes, Cette, Agde, Narbonne, Perpignan* et *Collioure*.

Six sur la frontière d'Espagne : *Port-Vendre, Prast-de-Molo, Mont-Louis, Portalet, Saint-Jean* et *fort d'Andaye.*

Six en Corse : *Bastia, Saint-Florent, Calvi, Ajaccio, Porto-Vecchio* et *Bonifacio.*

Seize sur l'Océan Atlantique : *Bayonne, La Tête-de-Buch, Blaye, Royan, Rochefort, Oléron, La Rochelle, Saint-Martin, Les Sables-d'Olonne, Paimbœuf, Saint-Nazaire, Saint-Palais, Lorient, Concarneau, Berthaune* et *Brest.*

Huit sur la Manche jusqu'au Havre : *Château-du-Taureau, Saint-Malo, Granville, fort Querqueville, Cherbourg, fort de la Hougue, fort Saint-Marcouf* et *Le Havre.*

A l'intérieur, Paris avec ses quinze forts détachés et Lyon avec ses treize forts.

Pour compléter les défenses de la France, on a construit depuis peu plusieurs forts pour couvrir Paris, et plusieurs autres sur les frontières d'Allemagne.

Marine militaire.

Les cinq chefs-lieux d'arrondissements maritimes sont : CHERBOURG, pour les six départements de... *Nord, Pas-de-Calais, Somme, Seine-Inférieure, Calvados* et *Manche.*

BREST, pour les trois départ. de... *Ille-et-Vilaine, Côtes-du-Nord* et *Finistère.*

LORIENT, pour les deux départements de... *Morbihan,* et *Loire-Inférieure.*

ROCHEFORT, pour les cinq départ. de... *Vendée, Charente-Inférieure, Gironde, Landes* et *Basses-Pyrénées.*

TOULON, pour les huit départ. de... *Pyrénées-Orientales, Aude, Hérault, Gard, Bouches-du-Rhône, Var, Alpes-Maritimes* et *Corse.*

LA FRANCE

ADMINISTRATIVE, PRODUCTIVE, HISTORIQUE, ETC.

ATLAS, *Pl. 10ᵉ.*

France religieuse.

Les dix-sept Archevêchés et les soixante-sept Evêchés ou suffragants sont :

Cambrai.	— *Arras.*
Rouen.	— *Evreux, Bayeux, Coutances, Séez.*
Paris.	— *Meaux, Versailles, Chartres, Orléans, Blois.*
Reims.	— *Amiens, Beauvais, Soissons, Châlons.*
Besançon.	— *Verdun, Nancy, Saint-Dié, Belley.*
Sens.	— *Troyes, Nevers, Moulins.*
Lyon.	— *Langres, Dijon, Autun, St-Claude, Grenoble.*
Chambéry.	— *Annecy, Moutier, Saint-Jean-de-Maurienne.*
Aix.	— *Gap, Digne, Marseille, Fréjus, Nice, Ajaccio.*
Avignon.	— *Valence, Viviers, Nîmes, Montpellier.*
Toulouse.	— *Montauban, Carcassonne, Pamiers.*
Alby.	— *Cahors, Rodez, Mende, Perpignan.*
Auch.	— *Aire, Bayonne, Tarbes.*
Bordeaux.	— *Poitiers, Luçon, La Rochelle, Angoulême, Périgueux, Agen.*
Rennes.	— *Saint-Brieuc, Quimper, Vannes.*
Tours.	— *Laval, Le Mans, Angers, Nantes.*
Bourges.	— *Clermont, Le Puy, St-Flour, Tulle, Limoges.*

France universitaire.

Les seize Académies avec les départements de leur ressort sont :

Douai,	5 départ...	*Nord, Pas-de-Calais, Somme, Aisne et Ardennes.*
Caen,	6 départ...	*Calvados, Seine-Inférieure, Eure, Orne, Sarthe et Manche.*
Paris,	9 départ...	*Seine, Seine-et-Marne, Marne, Loiret, Cher, Loir-et-Cher, Eure-et-Loir, Seine-et-Oise et Oise.*
Nancy,	3 départ...	*Meurthe-et-Moselle, Vosges et Meuse.*
Besançon,	3 départ...	*Doubs, Jura et Haute-Saône.*

Dijon, 5 départ... *Côte-d'Or, Haute-Marne, Aube, Yonne et Nièvre.*

Lyon, 4 départ... *Rhône, Ain, Saône-et-Loire et Loire.*

Grenoble, 4 départ... *Isère, Hautes-Alpes, Drôme et Ardèche.*

Chambéry, 2 départ... *Savoie et Haute-Savoie.*

Aix, 5 départ... *Bouches-du-Rhône, Var, Alpes-Maritimes, Basses-Alpes et Vaucluse.*

Montpellier, 5 départ... *Hérault, Gard, Lozère, Aude et Pyrénées-Orientales.*

Toulouse, 8 départ... *Haute-Garonne, Tarn-et-Garonne, Lot, Aveyron, Tarn, Ariége, Hautes-Pyrénées et Gers.*

Bordeaux, 5 départ... *Gironde, Dordogne, Lot-et-Garonne, Landes et Basses-Pyrénées.*

Poitiers, 8 départ... *Vienne, Indre-et-Loire, Indre, Haute-Vienne, Charente, Charente-Inférieure, Vendée et Deux-Sèvres.*

Rennes, 7 départ... *Ille-et-Vilaine, Mayenne, Maine-et-Loire, Loire-Inférieure, Morbihan, Finistère et Côtes-du-Nord.*

Clermont, 6 départ... *Puy-de-Dôme, Haute-Loire, Cantal, Corrèze, Creuse et Allier.*

France judiciaire.

Les vingt-six Cours d'appel et les départements qui en ressortissent sont :

Douai, 2 départ... *Nord et Pas-de-Calais.*

Amiens, 3 départ... *Somme, Aisne et Oise.*

Rouen, 2 départ... *Seine-Inférieure et Eure.*

Caen, 3 départ... *Calvados, Orne et Manche.*

Paris, 7 départ... *Seine, Seine-et-Marne, Marne, Aube, Yonne, Seine-et-Oise et Eure-et-Loir.*

Nancy, 4 départ... *Meurthe-et-Moselle, Vosges, Meuse et Ardennes.*

Besançon, 3 départ... *Doubs, Jura et Haute-Saône.*

Dijon, 3 départ... *Côte-d'Or, Haute-Marne, Saône-et-Loire.*

Lyon, 3 départ... *Rhône, Loire et Ain.*

Grenoble, 3 départ... *Isère, Hautes-Alpes et Drôme.*

Chambéry, 2 départ... *Savoie et Haute-Savoie.*

Bastia, 1 départ... *Corse.*

Aix, 4 départ... *Bouches-du-Rhône, Var, Alpes-Maritimes et Basses-Alpes.*

Nîmes, 4 départ... *Gard, Vaucluse, Ardèche et Lozère.*

Montpellier, 4 départ... *Hérault, Aude, Pyrénées-Orientales et Aveyron.*

Toulouse, 4 départ... *Haute-Garonne, Tarn-et-Garonne, Tarn et Ariége.*

Pau,	3 départ...	*Basses-Pyrénées, Landes* et *Hautes-Pyrénées.*
Agen,	3 départ...	*Lot-et-Garonne, Lot* et *Gers.*
Bordeaux,	3 départ...	*Gironde, Dordogne* et *Charente.*
Poitiers,	4 départ...	*Vienne, Deux-Sèvres, Vendée* et *Charente-Inférieure.*
Angers,	3 départ...	*Maine-et-Loire, Mayenne* et *Sarthe.*
Rennes,	5 départ...	*Ille - et - Vilaine, Loire - Inférieure, Morbihan, Finistère* et *Côtes-du-Nord.*
Orléans,	3 départ...	*Loiret, Loir-et-Cher* et *Indre-et-Loire.*
Bourges,	3 départ...	*Cher, Nièvre* et *Indre.*
Limoges,	3 départ...	*Haute-Vienne, Creuse* et *Corrèze.*
Riom,	4 départ...	*Puy-de-Dôme, Allier, Haute-Loire* et *Cantal.*

France militaire.

La France est divisée en dix-neuf commandements régionaux, correspondant aux XIX corps d'armée formant ses forces militaires.

I. Lille,	2 départ...	*Nord* et *Pas-de-Calais.*
II. Amiens,	3 départ...	*Somme, Oise* et *Aisne.*
III. Rouen,	3 départ...	*Seine - Inférieure, Eure* et *Calvados.*
IV. Le Mans,	4 départ...	*Sarthe, Eure-et-Loir, Orne* et *Mayenne.*
V. Paris,	6 départ...	*Seine, Seine-et-Oise, Seine-et-Marne, Yonne, Loiret* et *Loir-et-Cher.*
VI. Châlons,	6 départ...	*Marne, Ardennes, Meuse, Meurthe-et-Moselle, Vosges* et *Aube.*
VII. Besançon,	5 départ...	*Doubs, Haute-Saône,* **Jura,** *Ain* et *Haute-Marne,*
VIII. Bourges,	4 départ...	*Cher, Nièvre, Côte-d'Or* et *Saône-et-Loire.*
IX. Tours,	5 départ...	*Indre-et-Loire, Indre, Vienne, Deux-Sèvres* et *Maine-et-Loire.*
X. Rennes,	3 départ...	*Ille-et-Vilaine, Manche* et *Côtes-du-Nord.*
XI. Nantes,	4 départ...	*Loire - Inférieure, Vendée, Morbihan* et *Finistère.*
XII. Limoges,	5 départ...	*Haute-Vienne, Creuse, Corrèze, Dordogne* et *Charente.*
XIII. Clermont,	5 départ...	*Puy-de-Dôme, Allier, Loire, Haute-Loire* et *Cantal.*
XIV. Lyon,	6 départ...	*Rhône, Isère, Haute-Savoie, Savoie, Drôme* et *Hautes-Alpes.*
XV. Marseille,	8 départ...	*Bouches - du - Rhône,* **Var,** *Alpes - Maritimes, Basses - Alpes, Vaucluse, Gard, Ardèche* et *Corse.*

XVI. Montpellier, 6 départ... *Hérault, Lozère, Aveyron, Tarn, Aude* et *Pyrénées-Orientales.*

XVII. Toulouse, 6 départ... *Haute-Garonne, Tarn-et-Garonne, Lot, Lot-et-Garonne, Gers* et *Ariége.*

XVIII. Bordeaux, 5 départ... *Gironde, Charente-Inférieure, Landes, Basses-Pyrénées* et *Hautes-Pyrénées.*

XIX. Alger. *Algérie.*

Eaux minérales.

Les vingt-deux principales sources minérales, froides, thermales, sulfureuses, ferrugineuses, gazeuses ou salines, sont :

Saint-Amand,	départ. du	*Nord.*
Forges,	—	*Seine-Inférieure.*
Enghien,	—	*Seine-et-Oise.*
Bourbonne-les-Bains,	—	*Haute-Marne.*
Plombières,	—	*Vosges.*
Luxeuil,	—	*Haute-Saône.*
Aix et **Evian**,	en	*Savoie.*
Balaruc,	départ. de	*Hérault.*
Amélie-les-Bains,	—	*Pyrénées-Orientales.*
Bagnères-de-Luchon,	—	*Haute-Garonne.*
Cransac,	—	*Aveyron.*
Eaux-Bonnes,	—	*Basses-Pyrénées.*
Bagnères-de-Bigorre, **Baréges** et **Cauterets**,	—	*Hautes-Pyrénées.*
Dax,	—	*Landes.*
Vichy et **Néris**,	—	*Allier.*
Evaux,	—	*Creuse.*
Mont-Dore,	—	*Puy-de-Dôme.*
Chaudes-Aigues,	—	*Cantal.*

Centres producteurs.

Chevaux. — Normandie, Bretagne, Maine, Limousin, Berry.

Bœufs. — Normandie, Limousin, Bourbonnais, Auvergne, Gascogne.

Anes, Mulets. — Poitou, Languedoc.

Moutons. — Berry, Champagne.

Volailles. — Le Mans, Bourg.

Charcuterie. — Troyes, Bayonne.

Huîtres. — Cancale, Marennes.

Sardines. — Bretagne, Vendée.

Vins. — Bourgogne, Bordeaux.

Eau-de-vie. — Cognac, Montpellier.

Liqueurs. — Bordeaux, Grenoble.

Bière. — Lille, Lyon, Paris.

Cidre. — Normandie, Picardie.

Farine. — Corbeil, Etampes, Provins.

Fromages. — Brie, Gruyère, Roquefort.

Haricots. — Soissons.

Artichauts. — Laon.

Marrons. — Lyon.
Truffes. — Cahors, Brives, Périgueux.
Pruneaux. — Tours, Agen.
Miel. — Narbonne, Chamounix.
Draps. — Louviers, Elbœuf, Sedan.
Toiles. — Flandre, Bretagne, Anjou.
Dentelles. — Valenciennes, Alençon.
Calicots. — Rouen, Abbeville, Tarare.
Bonneterie. — Troyes, Orléans.
Soieries. — Lyon, Nîmes.

Tapis. — Paris, Aubusson, Beauvais.
Chapellerie. — Paris, Lyon.
Ganterie. — Paris, Grenoble.
Aiguilles, Epingles. — Laigle, Rugles.
Horlogerie. — Paris, Besançon.
Faïence. — Paris, Creil, Gien.
Porcelaines. — Sèvres, Limoges.
Papier. — Angoulême, Annonay.
Savons. — Marseille, Paris.
Glaces. — Saint-Gobain.
Coutellerie, Quincaillerie. — Paris, Langres, Châtellerault, Saint-Etienne.

Productions, Industrie et Historique des Provinces.

ATLAS, *Pl. 11ᵉ.*

FLANDRE — surnommée l'école du laboureur, est la mieux cultivée et la plus industrieuse, — mines de charbon, tourbe, marbre, etc., — lin, houblon, colza, tabac, — les nombreuses manufactures donnent des tissus de toute sorte.

Lille, Valenciennes, Cambrai et *Roubaix* fabriquent des dentelles de linon et de batiste, des tapis et des étoffes de laine et de coton.

HISTORIQUE. — *Bouvines,* 1214, victoire de Philippe-Auguste. *Cassel,* 1328, victoire de Philippe VI. *Malplaquet,* 1709, défaite de Villars. *Denain,* 1712, victoire de Villars, qui sauva la France.

ARTOIS, PICARDIE — ont des mines de charbon et grès à paver — elles sont fertiles en blé, chanvre, tabac, betteraves, et pommes — l'industrie produit du sucre, de l'huile, des étoffes de laine, de coton et de velours.

Amiens, patrie de Pierre-l'Ermite, fabrique des velours et possède une belle cathédrale. — Citons les draps d'*Abbeville* et les dentelles d'*Arras.*

HIST. — *Crécy,* 1346, défaite de Philippe VI. *Calais,* 1347, pris par Edouard III. *Azincourt,* 1415, défaite de Charles VI. *Lens,* 1648, victoire de Condé.

NORMANDIE — une de nos plus riches provinces —

ses nombreux ports de mer font grand commerce d'exportation et d'importation, surtout *Le Havre* — les gras pâturages nourrissent bœufs et chevaux très-estimés — les pommes donnent beaucoup de cidre — et les manufactures produisent du fil, des étoffes, des aiguilles et des épingles.

Rouen, patrie de Fontenelle et des deux Corneille, fabrique beaucoup d'étoffes de coton appelées rouenneries. — *Elbeuf* et *Louviers* produisent des draps renommés. *Evreux* et *Lisieux* sont connues par leurs toiles et leurs coutils. — *Caen*, *Bayeux* et *Alençon* se font remarquer par leurs dentelles — huîtres de *Granville* — beurre d'*Isigny*, fromage de *Neufchâtel* — bains de mer à *Dieppe* et à *Trouville*.

Hist. — *Rouen*, 1431, supplice de Jeanne d'Arc. *Arques*, 1589, *Ivry*, 1590, victoires d'Henri IV. *La Hogue*, 1692, défaite navale de Tourville.

ILE-DE-FRANCE — a des carrières de plâtre et de pierre à bâtir — son sol est très-fertile et bien cultivé — son importance industrielle et commerciale est immense à cause de Paris qu'elle renferme.

Paris ne vient qu'après Londres pour sa population et l'étendue de son commerce, mais elle est la première en Europe par l'industrie, les sciences, les beaux-arts et le génie de ses habitants ; patrie de Condé, Catinat, Molière, Boileau, Voltaire, etc. — *Versailles*, jolie ville, a un château magnifique bâti par Louis XIV. — *Saint-Germain*, *Compiègne* et *Fontainebleau* ont aussi un beau château et une belle forêt. — *Sèvres* et *Creil* produisent de magnifiques porcelaines. — *Etampes*, *Pontoise* et *Provins* font un grand commerce de farine. — *Saint-Quentin* et *Senlis* fabriquent des dentelles estimées — tapisseries de *Beauvais* — glaces de *Saint-Gobain*.

Hist. *Paris* a soutenu plusieurs siéges, dont le plus mémorable en 1870. — *Compiègne*, 1430, prise de Jeanne d'Arc. — *Beauvais*, 1472, défendue par Jeanne-Hachette. — *Vervins*, 1598, paix de Henri IV avec l'Espagne. — *Montereau*, 1419, assassinat de Jean-sans-Peur et en 1814 bataille de Napoléon Ier. — *Fontainebleau*, 1814, adieux de Napoléon Ier. — *Saint-Cloud*, 1589, meurtre de Henri III.

CHAMPAGNE — En grande partie fertile et bien cultivée, a de belles forêts et produit des vins très-renommés — mais le sol crayeux de la Champagne pouilleuse est peu productif.

Troyes a des filatures et fait le commerce de craie et de charcuterie. — Les coteaux de *Reims*, d'*Epernay* et d'*Aï* produisent les meilleurs vins de Champagne — forges et fonderies de *Charleville* et *Saint-Dizier* — coutellerie de *Langres* — draps de *Sedan*, patrie de Turenne.

Hist. — *Châlons*, 451, victoire de Mérovée. — *Vitry*, 1142, incendié par Louis VII. — *Troyes*, 1420, traité d'Isabeau. — *Mézières*, 1521, défense de Bayard. — *Rocroy*, 1643, victoire de Condé. — *Valmy*, 1792, victoire de Kellermann. — *Champaubert, Montmirail*, 1814, combats glorieux de Napoléon Ier.

LORRAINE — mines considérables de sel gemme — sol très-boisé et fertile en blé, vin, chanvre, etc. — on y élève beaucoup de bestiaux — jambons très-renommés.

Nancy et *Mirecourt* fabriquent des dentelles et des broderies — *Toul* et *Lunéville* ont de belles manufactures de faïence — *Bar-le-Duc* et *Verdun* font le commerce de vins, liqueurs et dragées — papeteries d'*Epinal*.

Hist. — *Domremy*, 1410, naissance de Jeanne d'Arc. — *Nancy*, 1477, mort de Charles-le-Téméraire.

FRANCHE-COMTÉ — dans sa partie montagneuse a des forêts et des vignes, la plaine a du blé et de beaux pâturages — ses manufactures de fer, d'acier et surtout d'horlogerie sont très-renommées — sources salées très-abondantes.

Besançon, Montbéliard et *Morez* ont des fabriques d'horlogerie — citons les meules de *Gray* — les fromages de *Gruyère* et les vins d'*Arbois*, patrie de Pichegru — en 1586 la peste ne laissa à *Vesoul* que 75 habitants.

BOURGOGNE — renommée surtout par ses bons vins, est fertile en grains et nourrit beaucoup de bestiaux

— ses forêts produisent le charbon de bois — dans ses usines on travaille le fer et l'acier.

Dijon fait grand commerce de vin, vinaigre et moutarde. — *Mâcon, Auxerre, Beaune, Nuits*, se recommandent par leurs vins exquis — vin blanc de *Châblis* — chaux de *Pouilly* — célèbres mines de houille et fonderies pour machines à vapeur du *Creusot*.

HIST. — *Fontenay*, 841, victoire de Charles II. — *Fontaine-Française*, 1595, victoire de Henri IV. En Bourgogne sont nés : Saint-Bernard, Bossuet, Mme de Sévigné, Monge, Buffon, Daubenton et Lamartine.

LYONNAIS — a des mines de charbon, fer et cuivre — ses vins et ses marrons sont renommés — dans les nombreuses usines on travaille le fer et l'acier — les étoffes de soie, d'or et d'argent sont sans égales — commerce et industrie très-actifs.

Lyon, seconde ville de France, fait commerce de bonneterie et chapeaux — ses soieries font l'admiration du monde entier, patrie de Jussieu et de Jacquard. — *Saint-Etienne*, manufacture d'armes et quincaillerie — forges et houillères de *Givors* et *Rive-de-Gier* — mousseline de *Tarare*.

DAUPHINÉ — Montagnes très-riches en minéraux, or, argent, fer, plomb, marbre, cristal — bestiaux et vers à soie — commerce de draperie, ganterie, vins renommés — patrie de Bayard, de Condillac et de Vaucanson.

Grenoble produit gants et liqueurs — près de là sont *La Salette* et le couvent de la *Grande-Chartreuse*. — *Vienne* produit drap et papier. *Valence* fait commerce de vin de l'*Ermitage*.

SAVOIE — en partie couverte par les Alpes, ne suffit pas aux besoins de ses habitants, dont un grand nombre émigrent à Paris et ailleurs — le sol, très-pittoresque, renferme des eaux minérales et de la houille.

Chambéry, ville agréable, fabrique des gazes — patrie de Xavier de Maistre.

CORSE — peu d'industrie, ses forêts fournissent de

beaux bois pour la construction des vaisseaux — on pêche le corail sur ses côtes.

Ajaccio a vu naître Napoléon Ier, en 1769.

COMTÉ DE NICE, PROVENCE et **COMTAT-VENAISSIN** — ont un climat varié mais généralement chaud — elles produisent surtout les olives, les oranges, les citrons — vers à soie.

Marseille, troisième ville de France, a des savons renommés, son vaste port fait un immense commerce avec le Levant. — *Aix* et *Grasse* produisent huile d'olive et parfums. — *Nice,* patrie de Masséna, est recherchée pour la douceur de son climat. — *Avignon* produit la garance et les soieries. — *Hyères,* patrie de Massillon, a des jardins d'orangers et de grenadiers. — *La Seyne,* sur la rade de Toulon, construit beaucoup de vaisseaux.

Hist. — *Toulon,* 1532, soutint un siége contre Charles-Quint, et en 1797 Bonaparte le prit sur les Anglais.

LANGUEDOC — a des plaines très-fertiles, abondant en grains, vins, olives, figues, châtaignes, truffes, plantes médicinales et de teinture — abeilles, vers à soie — beaucoup de fabriques d'eau-de-vie — manufactures de draps et soieries.

Toulouse, grand commerce avec l'Espagne, dans son Capitole, séance des jeux floraux de Clémence-Isaure en 1490. — *Carcassonne, Castres* et *Lodève* fabriquent beaucoup de drap. — *Montpellier,* célèbre école de médecine, fait grand commerce d'eau-de-vie — miel de *Narbonne,* vins muscats de *Lunel* et *Frontignan* — houillères de *Graissessac* et de la *Grand-Combe.* — *Nîmes,* riche en antiquités romaines, fabrique beaucoup de soieries — célèbre foire de *Beaucaire* et papeterie d'*Annonay,* patrie de Montgolfier.

Hist. — *Béziers,* 1206, massacre des Albigeois — *Toulouse,* 1814, glorieuse bataille contre les Anglais.

ROUSSILLON, COMTÉ DE FOIX — climat doux — culture des orangers et grenadiers — montagnes très-boisées — commerce avec l'Espagne, de vins, céréales et bestiaux.

Perpignan et *Rivesaltes* produisent des vins. — *Foix* et *Pamiers* fabriquent de l'acier.

BÉARN, GASCOGNE — ont des landes incultes sur le bord de la mer et des montagnes couvertes de forêts renfermant des ours et des chamois — commerce de bestiaux avec l'Espagne — vins, jambons, chocolats.

Pau, patrie de Henri IV, produit des toiles — *Bayonne,* où fut inventée la baïonnette, a d'excellents jambons. — *Tarbes* et *Mont-de-Marsan* produisent vins et eau-de-vie — la grotte miraculeuse de *Lourdes* est le but de pieux pélerinages.

GUYENNE — très-fertile, a des produits nombreux et variés : vins, blé, chanvre, liége, truffes, etc. — chevaux, mulets et autres bestiaux.

Bordeaux, quatrième ville, a un port admirable qui fait un commerce très-considérable, surtout en vins et denrées coloniales — *Libourne, Blaye, Cahors* et *Bergerac* produisent d'excellents vins. — *Agen,* patrie de Bernard de Palissy, a de délicieux pruneaux et de belles teintures écarlates. — *Périgueux* fait le commerce de truffes et de porcs — laines de *Rodez* — fromage de *Roquefort* — riches mines et usines d'*Aubin* et *Decazeville.*

SAINTONGE, ANGOUMOIS — la partie marécageuse a d'immenses marais salants très-productifs, la partie cultivée est riche en vignobles et en céréales. L'industrie produit l'eau-de-vie et le papier.

La Rochelle, patrie de Réaumur, et *Saintes,* font grand commerce d'eau-de-vie et de sel. — *Rochefort* a de beaux établissements pour la marine. — *Marennes* fournit des huîtres vertes. — *Angoulême* fournit de très-beau papier et fait un immense commerce d'eau-de-vie ainsi que *Cognac* et *Jarnac.*

HIST. — *Taillebourg* et *Saintes,* 1242, victoires de Saint-Louis. — *La Rochelle,* 1628, prise par Richelieu. — *Jarnac,* 1569, victoire de Henri III sur les calvinistes.

POITOU — a des marais salants — il produit blé, chanvre, châtaignes, truffes — on élève ânes et mulets — les fabriques produisent coutellerie, gants et étoffes.

Poitiers a des tanneries. — *Châtellerault* fabrique les armes blanches et la coutellerie. — *Niort*, patrie de Mme de Maintenon, fait le commerce de peaux et de gants.

Hist. — *Vouillé*, 507, victoire de Clovis. — *Poitiers*, 732, victoire de Charles-Martel. — *Maupertuis*, 1356, défaite de Jean-le-Bon. — *Moncontour*, 1569, victoire de Henri III.

ANJOU, MAINE — ont des carrières d'ardoise, fer, marbre, houille — le sol produit grain, vin, chanvre — fabriques de toiles à voiles et mouchoirs — on y élève beaucoup de chevaux, de porcs et de volailles.

Angers fait grand commerce d'ardoises, de toiles à voiles et de vins blancs. — *Saumur*, école de cavalerie et vins estimés. — *Laval*, *Mamers*, *Cholet*, fabriquent des toiles et des mouchoirs. — *Le Mans*, toiles, bougies et volailles.

BRETAGNE — quelques mines d'argent, plomb, houille — le sol, riche en végétaux, nourrit beaucoup de bestiaux — commerce de toiles, de beurre, d'huîtres et de sardines.

Rennes, patrie de Duguesclin, fait commerce de beurre, miel — *Saint-Malo*, *Cancale*, *Saint-Brieuc*, *Quimper* et *Morlaix* sont des ports qui font un commerce actif — *Brest* et *Lorient*, importants ports militaires — *Nantes* et *Saint-Nazaire* font grand commerce avec l'Amérique.

Hist. — *Nantes*, 1598, édit de Henri IV, révoqué par Louis XIV en 1685. — *Savenay*, 1793, défaite des Vendéens. — *Quiberon*, 1797, malheureuse descente des émigrés.

ORLÉANAIS — blé de la Beauce — vins de Beaugency — pâtisseries de Pithiviers — stérilité de la Sologne — industrie : vinaigre, sucre, miel, bonneterie, poterie, papier, etc.

Orléans a des raffineries de sucre et des fabriques de vinaigre et bonneterie. — *Gien* et *Briare* produisent des faïences et des porcelaines. — *Chartres*, qui a une très-belle cathédrale, fait le commerce de grains et de pâtés. — *Vendôme* a un lycée et fabrique des gants.

Hist. — *Orléans*, 1429, délivré par Jeanne d'Arc. — *Dreux*, 1563, défaite des protestants. — *Blois*, 1588, assassinat des Guise.

TOURAINE — surnommée le jardin de la France à cause de sa beauté et de la fertilité de son sol, produit beaucoup de fruits, tels que pruneaux, melons.

Tours fabrique beaucoup d'étoffes de soie et fait le commerce de fruits secs.

Hist. — *Plessis-les-Tours*, résidence de Louis XI. — *Amboise*, 1560, conjuration protestante.

BERRY, NIVERNAIS, BOURBONNAIS — ont des mines de fer et de houille — ces provinces sont très-boisées et produisent du grain, du vin et du chanvre — les prairies nourrissent de forts chevaux, beaucoup de bœufs et de moutons — l'industrie produit du fer, de l'acier et de la porcelaine.

Bourges, patrie de Bourdaloue, a une fonderie de canons. — *Vierzon*, *Fourchambault*, *Imphy* et *Nevers*, produisent de l'acier, des canons et des ancres de marine. — *Moulins*, qui a vu naître Villars, est renommée pour sa coutellerie — forges très-importantes à *Montluçon* et à *Commentry*.

MARCHE — peu fertile, produit seigle, avoine, châtaignes — l'industrie donne des tapis, du papier — émigration annuelle de plusieurs milliers d'ouvriers maçons pour Paris, Lyon.

Aubusson et *Felletin*, tapis magnifiques — porcelaines de *Bourganeuf*.

LIMOUSIN — carrières de kaolin pour la porcelaine — sol très-boisé, produit noix et châtaignes — bons pâturages, nourrissant d'excellents chevaux — papier, porcelaine — émigration d'ouvriers.

Limoges, Saint-Yrieix, Saint-Léonard, ont des manufactures de porcelaine. — *Tulle* produit armes et dentelles. — *Brives* fait commerce de truffes.

AUVERGNE — hautes montagnes renfermant du granit, du plomb, de l'antimoine et lave de volvic — les vallons très-fertiles — commerce actif de vins, châtaignes et bestiaux — beaucoup d'Auvergnats émigrent à Paris et ailleurs.

Clermont, patrie de Pascal, est très-commerçante. — *Thiers* produit coutellerie et papier. — *Aurillac* fabrique dentelles et chaudronnerie.

ALGÉRIE — a un sol très-fertile, mais manque de culture — les orangers, les oliviers et les arbres européens produisent de beaux fruits — les chevaux arabes sont très-renommés — on y trouve aussi lions, hyènes, serpents et scorpions.

Hist. — *Alger*, pris en 1830. — *Constantine*, en 1837. — *Mazagran*, en 1840, 123 Français repoussèrent 12,000 Arabes.

ALGÉRIE

AVEC SES DIVISIONS NATURELLES ET POLITIQUES.

ATLAS, *Pl. 12*.

L'ALGÉRIE, surnommée la seconde France, a été conquise en 1830. Sa proximité de la métropole, dont elle n'est éloignée que de 135 lieues marines, qui se franchissent en 40 heures, sa vaste étendue (environ 430.000 kilomètres carrés), sa fertilité, ses produits nombreux et variés, lui donnent une très-grande importance et le premier rang parmi nos colonies.

Sa population est de 3.000.000 d'habitants, dont 200.000 européens.

* Les indigènes se composent d'Arabes, de Maures, de Kabiles, de Juifs, de Turcs et de Nègres. C'est le mahométisme qui est la religion dominante.

L'Algérie est bornée au Nord par la mer Méditerranée, au Sud par le Sahara, à l'Est par la Tunisie, à l'Ouest par le Maroc. Elle se divise en trois départements ou provinces :

* ALGER, chef-lieu... ALGER, 3 sous-préfectures... *Blidah, Médéah* et *Milianah*, et 5 v. pr... *Dellis, Aumale, Orléansville, Tenez* et *Cherchell.*

CONSTANTINE, ch.-l... CONSTANTINE, 4 s.-p... *Philippeville, Bone, Guelma* et *Sétif*, et 4 v. pr... *Bougie, Djidjelli, La Calle* et *Batna.*

ORAN, ch.-l... ORAN, 3 s.-p... *Mostaganem, Mascara* et *Tlemcen*, et 3 v. pr... *Mazagran, Sidi-bel-Abbès* et *Nemours.*

* Les quatre **BAIES** ou **GOLFES** sont... les golfes d'*Oran*, de *Bougie*, de *Stora* et de *Bone.*

Les quatre **CAPS** principaux sont... les caps *Tenez, Pescade, Corbon* et de *Fer.*

Les quatre **LACS** ou **CHOTTS** sont... les lacs *Melghir* et *Zarèz*, et les chotts *Saïda* et *Chergui.*

Les trois **CHAINES DE MONTAGNES** sont... le *Grand Atlas*, le *Moyen Atlas* et le *Jurjura.*

* Les sept **RIVIÈRES** ou **FLEUVES** sont : cinq qui se jettent dans la Méditerranée... le *Sig*, le *Chélif*, le *Mansour*, le *Rummel* et la *Sebouse*, et deux dans les Lacs Salés... le *Djédi* et le *Sémar.*

Les six VICTOIRES FRANÇAISES sont... *Alger* en 1830, *Constantine* en 1837, *Bihan* ou *Portes de fer* en 1839, *Mazagran* en 1840, la *Smala* en 1843 et *Isly* en 1844.

Productions.

* Le littoral méditerranéen, appelé Tell, est le pays des céréales ; il est fertile, surtout en froment, maïs et orge.

Dans la région des plateaux on élève beaucoup de bestiaux : chevaux très-estimés, dromadaires, bœufs, moutons, chèvres.

Dans les nombreux oasis du Sahara on cultive les légumes et les arbres fruitiers, surtout le dattier.

* Depuis leur occupation, les Français y ont creusé beaucoup de puits artésiens et fait des barrages de rivières qui ont fertilisé la colonie.

Il nous vient d'Algérie : olives, amandes, figues, grenades et d'énormes raisins. On y cultive aussi le coton et la canne à sucre ; mais malheureusement le pays est infesté d'animaux féroces très-dangereux : lions, hyènes, serpents et scorpions, des nuées de sauterelles qui détruisent parfois les récoltes.

Le Simoun ou Sirocco, qui souffle du désert, est un vent très-dangereux.

EMPIRE D'ALLEMAGNE.

ATLAS, *Pl. 13ᵉ*.

L'EMPIRE D'ALLEMAGNE, dont la création date de la fatale guerre de 1870, comprend avec la Prusse, les Etats du Nord et les Etats du Sud, placés sous sa domination, puis notre infortunée Lorraine-Alsace.

Cet empire est borné au Nord par... la *mer Baltique*, à l'Est par... la *Pologne*, au Sud par l'*Autriche*, et à l'Ouest par... la *France*, la *Belgique* et la *Hollande*.

Son étendue est de 540.000 kilomètres carrés, et sa population d'environ 41.000.000 d'habitants.

Le protestantisme et le catholicisme sont les religions des états confédérés.

Prusse.

LA PRUSSE, cap. Berlin, se divise en douze provinces, dont quatre à l'Est, quatre au milieu et quatre à l'Ouest.

Les quatre à l'Est, sont : La Prusse Propre, cap... *Kœnigsberg*, 2 v. pr... *Tilsitt*, 1807, et *Dantzig*, 1807. La Poméranie, cap... *Stettin*, 1 v. pr... *Stralsund*. Le Duché de Posen, cap... *Posen*. La Silésie, cap... *Breslau*.

Les quatre au milieu sont : Le Brandebourg, cap... *Berlin*, 3 v. pr... *Kustrin*, *Postdam* et *Francfort* sur l'*Oder*. La Province de Saxe, cap... *Magdebourg*. Le Hanovre, cap... *Hanovre*. Le Sleswig Holstein, cap... *Kiel*.

Les quatre à l'Ouest sont : la Westphalie, cap... *Munster*, 1648. La Province Rhénane, cap... *Cologne*.

La HESSE-CASSEL, cap... *Cassel*. Le DUCHÉ DE NASSAU, cap... *Wiesbaden*.

Etats du Nord.

* Le ROYAUME DE SAXE, cap... *Dresde*, 1813, 2 v. pr... *Bautzen*, 1813, et *Leipzig*, 1813. Les MECKLEMBOURGS, cap... *Strélitz* et *Schwérin*. Le DUCHÉ D'OLDEMBOURG, cap... *Oldembourg*. Le DUCHÉ DE BRUNSWICK, cap... *Brunswick*. Le DUCHÉ DE SAXE-WEIMAR, cap... *Weimar*, 1 v. pr... *Iéna*, 1806. Le DUCHÉ DE SAXE-COBOURG, cap... *Cobourg*. Le DUCHÉ DE SAXE-GOTHA, cap... *Gotha*.

Trois VILLES LIBRES... *Lubeck, Hambourg* et *Brême*.

La LORRAINE-ALSACE, 2 cap... *Metz* et *Strasbourg*.

Etats du Sud.

* Le ROYAUME DE BAVIÈRE, cap... *Munich*, 3 v. pr... *Wurtzbourg, Ratisbonne*, 1809, et *Augsbourg*.

Le WURTEMBERG, cap... *Stuttgard*, 1 v. pr... *Ulm*, 1805. Le GRAND DUCHÉ DE BADE, cap... *Carlsruhe*, 2 v. pr... *Freyburg* et *Constance*.

La HESSE-DARMSTADT, cap... *Darmstadt*, 1 v. pr... *Francfort-sur-le-Mein*, 1871. La BAVIÈRE RHÉNANE, 1 v. pr... *Spire*.

AUTRICHE HONGRIE.

* L'AUTRICHE HONGRIE, capitale VIENNE, est bornée au Nord par... l'*Empire d'Allemagne* et la *Pologne*, à l'Est par... la *Russie* et la *Turquie*, au Sud par... la *Turquie*, et à l'Ouest par... l'*Italie*, la *Suisse* et l'*Allemagne*.

Sa surface est de 624.000 kilom. carrés, sa population est de 36.000.000 d'habitants presque tous catholiques.

Elle se divise en douze provinces principales, dont six à l'Ouest et six à l'Est.

* Les six à l'Ouest, sont : La BOHÈME, cap... *Prague*, 1 v. pr... *Sadowa*, 1866. La MORAVIE, cap... *Brunn*, 2 v. pr... *Olmutz* et *Austerlitz*, 1805. L'ARCHIDUCHÉ D'AUTRICHE, cap... *Vienne*, 1815, 3 v. pr... *Wagram*, 1809, *Lintz* et *Salzbourg*. La STYRIE, cap... *Gratz*. L'ILLYRIE, cap... *Laybach*, 2 v. pr... *Klagenfurt* et *Trieste*. Le TYROL, cap... *Inspruck*, 1 v. pr... *Trente*, 1545.

Les six à l'Est sont : La GALLICIE, cap... *Lemberg*. La HONGRIE, cap... *Bude*, 4 v. pr... *Presbourg*, 1805, *Pesth, Debreczin* et *Temesvar*. La TRANSYLVANIE, cap... *Klausembourg*. La SLAVONIE, cap... *Essek*. La CROATIE, cap... *Agram*. La DALMATIE, cap... *Zara*.

SUISSE.

La SUISSE, dont les villes principales sont... *Lucerne, Bâle, Berne* et *Genève*, se divise en vingt-deux cantons, savoir : six au Nord, BALE, ch.-l... *Bâle;* SOLEURE, ch.-l... *Soleure;* ARGOVIE, ch.-l... *Aarau;* ZURICH, ch.-l... *Zurich;* THURGOVIE, ch.-l... *Frauenfeld;* SCHAFFOUSE, ch.-l... *Schaffouse.*

Quatre à l'Est : SAINT-GALL, ch.-l... *Saint-Gall;* APPENZELL, ch.-l... *Appenzell;* GLARIS, ch.-l... *Glaris;* LES GRISONS, ch.-l... *Coire.*

Deux au Sud : Le TESSIN, ch.-l... *Bellinzona;* Le VALAIS, ch.-l... *Sion.*

Cinq à l'Ouest : BERNE, ch.-l... *Berne;* NEUFCHATEL, ch.-l... *Neufchâtel;* FRIBOURG, ch.-l... *Fribourg;* VAUD, ch.-l... *Lausanne;* GENÈVE, ch.-l... *Genève.*

Cinq au milieu : ZUG, ch.-l... *Zug;* LUCERNE, ch.-l... *Lucerne;* SCHWITZ, ch.-l... *Schwitz;* UNDERWALD, ch.-l... *Stanz;* URI, ch.-l... *Altorf.*

Géographie physique de l'Europe centrale.

Les trois **MERS** sont : deux au Nord... la *mer Baltique* et la *mer du Nord*, et une au Sud... la *mer Adriatique.*

Les deux **GOLFES** sont : un au Nord... le *golfe de Dantzig*, et un au Sud... le *golfe de Trieste.*

Les deux **ILES** sont : dans la Baltique... l'*île Rugen*, et un groupe dans la mer Adriatique... les *Iles Illyriennes.*

Les onze **FLEUVES** sont : quatre se jetant dans la Baltique... le *Niémen*, le *Pregel*, la *Vistule*, dont l'affluent est le Bug, et l'*Oder*, dont l'affluent est la Wartha ; cinq dans la mer du Nord... l'*Elbe*, dont les affluents sont la Sprée et la Moldau, le *Weser*, l'*Ems*, le *Rhin*, dont l'affluent est le Mein, et la *Meuse.*

* Un en Autriche... le *Danube*, dont les affluents sont : sur la rive droite la Theiss et la Waag, sur la rive gauche l'Inn, la Drave et la Save, et un en Italie... l'*Adige*.

Les quatre **LACS** sont : deux en Autriche... le *lac Neusiedl* et le *lac Balaton*, et deux en Suisse... le *lac de Constance* et le *lac de Genève*.

Les dix **MONTAGNES** sont : quatre dans la chaîne du centre... les *monts des Géants*, les *monts Métalliques*, les *monts de Bohême* et les *monts de Moravie*; cinq dans la chaîne des Alpes... les *Alpes-Centrales, Rhétiques, Carniques, Noriques* et *Juliennes*, et une à l'Est... les *monts Carpathes*.

ILES BRITANNIQUES.

ATLAS, *Pl. 14*ᵉ.

* Les ILES BRITANNIQUES, comprenant l'ANGLE-TERRE, l'ECOSSE et l'IRLANDE, ont pour limites au Nord et à l'Ouest... l'*océan Atlantique*, à l'Est et au Sud... les mers *du Nord* et *de la Manche*.

La population est de 32.000.000 d'habitants. L'étendue est de 315.000 kilom. carrés.

La religion protestante est professée dans la *Grande Bretagne* ou *Angleterre* et *Écosse*, mais l'*Irlande* est catholique.

* L'ANGLETERRE, cap... *Londres*, avec la principauté de GALLES, se divise en cinquante-deux comtés, dont les quinze villes principales sont : dix au Nord... *Newcastle, Lancaster, York, Manchester, Liverpool, Nottingham, Birmingham, Leicester, Norwich* et *Lincoln*.

Cinq au Sud... *Cambridge, Oxford, Cantorbéry, Bristol* et *Exeter*.

* L'ECOSSE, cap... *Edimbourg*, est divisée en trente-deux comtés, dont les quatre villes principales sont... *Aberdeen, Dundée, Perth* et *Glasgow*.

L'IRLANDE, cap... *Dublin*, se divise en quatre provinces, qui sont : LEINSTER cap... *Dublin*; ULSTER, cap... *Belfast*, 2 v. pr... *Londonderry* et *Donegal*; CONNAUGT, cap... *Galway*; MUNSTER, cap... *Cork*, 2 v. pr... *Valentia* et *Waterford*.

Géographie physique des Iles Britanniques.

* Les quatre **MERS** sont : deux grandes... l'*océan Atlantique* et la *mer du Nord*, et deux petites... la *Manche* et la *mer d'Irlande*.

Les sept **DÉTROITS** ou **CANAUX** sont : trois en Ecosse... le *canal Calédonien*, le *Grand Minch* et le *Petit Minch*; deux qui pénètrent dans la mer d'Irlande... le *canal du Nord* et le *canal Saint-Georges*; un à l'embouchure de la Severn... le *canal de Bristol*, et un au Sud-Est... le *détroit du Pas-de-Calais*.

Les sept **GOLFES** ou **BAIES** sont : trois en Ecosse... le *golfe de Forth*, de *Murray* et de la *Clyde*; trois en Angleterre... le *golfe de la Tamise*, de *Wash* et la *baie de Cardigan*, et un en Irlande... la *baie de Galway*.

* Les dix **ILES** sont : six au Nord... les îles *Shetland*, les *Orcades*, les *Hébrides*, *Skye*, *Mull* et *Islay*; deux dans la mer d'Irlande... *de Man* et *Anglesey*, et deux au Sud... les *Sorlingues* et de *Wight*.

Les neuf **FLEUVES** sont : trois en Ecosse... le *Forth*, la *Clyde* et le *Tweed*; quatre en Angleterre... le *Trent*, l'*Ouse*, la *Tamise*, et la *Severn*, et deux en Irlande... le *Barrow* et le *Shannon*.

* Les quatre **LACS** sont situés en Irlande... le *lac Erne*, *Néagh*, *Rec* et *Derg*.

Les deux **MONTAGNES** sont : en Ecosse... les *monts Grampians* et les *monts Cheviot*.

Les huit **CAPS** sont : trois en Ecosse... le *cap Kinnaird*, le *cap Duncansby* et le *cap Wrath*; trois en Irlande... le *cap Malin*, le *cap Mizen* et le *cap Clear*, et deux au Sud... le *cap Lends'end* et le *cap Lizard*.

L'Angleterre possède encore en Europe l'Archipel Normand sur les côtes de France : *Guernesey*, *Jersey* et *Aurigny*; l'*île de Malte* et *Gibraltar* dans la Méditerranée, puis l'*île Helgoland* dans la mer du Nord.

HOLLANDE.

La HOLLANDE, ou royaume des Pays-Bas, est bornée au Nord et à l'Ouest par... la *mer du Nord*, à l'Est par... l'*Empire d'Allemagne*, et au Sud par... la *Belgique*.

Son étendue est de 35.400 kilom. carrés. Sa population de 4.000.000 d'habitants.

La religion est protestante.

La Hollande se divise en douze provinces, qui sont : trois au Nord... GRONINGUE, ch.-l... *Groningue ;* La FRISE, ch.-l... *Leeuwarden ;* DRENTHE, ch.-l... *Assen.*

*Cinq au milieu... La HOLLANDE SEPTENTRIONALE, ch.-l... *Amsterdam*, 1 v. pr... *Arlem ;* la HOLLANDE MÉRIDIONALE, ch.-l... *La Haye*, 1 v. pr... *Rotterdam ;* UTRECHT, ch.-l... *Utrecht*, 1713 ; OVER-YSSEL, ch.-l... *Zwolle ;* GUELDRE, ch.-l... *Arnheim*, 1 v. pr... *Nimègue*, 1678.

*Quatre au Sud... la ZÉLANDE, ch.-l... *Middelbourg ;* le BRABANT SEPTENTRIONAL, ch.-l... *Bois-le-Duc ;* le LIMBOURG HOLLANDAIS, ch.-l... *Maëstricht ;* le LUXEMBOURG HOLLANDAIS, ch.-l... *Luxembourg.*

BELGIQUE.

*La BELGIQUE est limitée au Nord par... la *Hollande*, à l'Est par... l'*Empire d'Allemagne*, au Sud par... la *France*, et à l'Ouest par... la *mer du Nord.*

Sa population est de 5.000.000 d'habitants. Son étendue est de 29.400 kilom. carrés.

La religion est catholique.

*La Belgique se divise en neuf provinces, qui sont : Cinq à l'Ouest... la FLANDRE OCCIDENTALE, ch.-l... *Bruges*, 3 v. pr... *Ostende, Ypres et Courtray*, 1302 ; la FLANDRE ORIENTALE, ch.-l... *Gand ;* ANVERS, ch.-l... *Anvers*, 1 v. pr... *Malines ;* le BRABANT MÉRIDIONAL, ch.-l... *Bruxelles*, 2 v. pr... *Louvain et Waterloo*, 1815 ; le HAINAUT, ch.-l... *Mons*, 4 v. pr... *Fleurus*, 1690 et 1794, *Jemmapes*, 1792, *Fontenoy*, 1745, et *Tournay.*

Quatre à l'Est... le LIMBOURG BELGE, ch.-l... *Hasselt ;* LIÉGE, ch.-l... *Liége*, 1 v. pr... *Spa ;* NAMUR, ch.-l... *Namur*, 1 v. pr... *Dinant ;* le LUXEMBOURG BELGE, ch.-l... *Arlon*, 1 v. pr... *Marche.*

3..

Géographie physique de la Hollande et de la Belgique.

* Une **MER** au Nord et à l'Ouest... la *mer du Nord*.

Les trois **GOLFES** sont : au Nord... le *golfe de Zuider-zée, de l'Y* et *du Dollart*.

Les quatre **ILES** sont : trois au Nord... *Ameland, Vieland* et *Texel,* et un archipel à l'Ouest... *l'archipel Hollandais*.

* Les trois **FLEUVES** sont le RHIN, qui reçoit... la *Moselle* et se jette dans la mer... *du Nord* par quatre bouches... l'*Yssel*, le *Vieux-Rhin*, le *Lech* et le *Wahal;* la MEUSE, dont les affluents sont... le *Roer*, l'*Ourthe* et la *Sambre*, et l'ESCAUT, dont les deux affluents sont... la *Lys* et la *Dyle*.

(L'élève en copiant les leçons rapportera l'historique de chaque date.)

ITALIE.

ATLAS, *Pl. 15ᵉ.*

* L'ITALIE, cap... ROME, est bornée au Nord par... la *Suisse* et l'*Autriche*, à l'Est par les mers... *Adriatique* et *Ionienne*, au Sud par... la *Méditerranée*, et à l'Ouest par... la *France* et les mers... *Tyrrhénienne* et *Méditerranée*. L'étendue est de 296.000 kilomètres carrés. La population est de 27.000.000 d'habitants. La religion est catholique.

L'Italie se divisait autrefois en sept Etats principaux qui, réunis aujourd'hui en un seul royaume, forment soixante-neuf provinces qui portent presque toutes le nom de leur chef-lieu.

* Les ETATS-SARDES, cap... *Turin*, forment huit provinces, dont les cinq principales sont... *Novare, Alexandrie, Gênes*, 1800, *Sassari* et *Cagliari*.

Le ROYAUME LOMBARD-VÉNITIEN, 2 capitales... *Milan* et *Venise*, forme seize provinces, dont les huit principales sont... *Sondria, Pavie*, 1525, *Brescia, Vérone, Mantoue*, 1796, *Padoue, Trévise* et *Bellune*.

Les duchés de PARME et de MODÈNE forment six provinces, dont les trois principales sont... *Plaisance, Parme* et *Modène*.

* La TOSCANE, cap... *Florence,* forme six provinces, dont les trois principales sont... *Pise, Livourne* et *Sienne*.

Les ETATS DE L'EGLISE, cap... *Rome,* forment onze provinces, dont les six principales sont... *Bologne, Ravenne, 1512, Ancône, Macerata, Pérouse* et *Civita-Vecchia*.

Le ROYAUME DE NAPLES ou des DEUX-SICILES, cap... *Naples,* forme vingt-deux provinces, dont les neuf principales sont... *Aquila, Bari, Salerne, Cosenza, Reggio, Messine, Catane, Syracuse* et *Palerme, 1282*.

Géographie physique de l'Italie.

* Les quatre **MERS** sont... les mers *Adriatique, Ionienne, Tyrrhénienne* et *Méditerranée*.

Les trois **DÉTROITS** ou **CANAUX** sont... les détroits *de Bonifacio* et *de Messine,* et le *canal d'Otrante*.

Les six **GOLFES** sont : deux à l'Est... les golfes *de Venise* et *de Tarente,* et quatre à l'Ouest... les golfes *de Gênes, de Gaëte, de Naples* et *de Salerne*.

Les neuf **ILES** sont : deux grandes... la *Sardaigne* et la *Sicile,* et sept petites... les îles *d'Elbe, Giglio, Lipari, Ustica, Egades, Asinara* et *Caprera*.

* Les quatre **CAPS** sont... les caps *Teulada, Passaro, Spartivento* et *Leuca*.

Les huit **FLEUVES** sont : quatre au Nord... la *Piave,* l'*Adige,* le *Pô* et le *Reno* (les quatre affluents du Pô sont... le *Tanaro,* le *Tessin,* l'*Adda* et l'*Oglio*), et quatre à l'Ouest... l'*Arno,* le *Tibre,* le *Garigliano* et le *Volturne*.

Les six **LACS** sont : trois au Nord... les lacs *Majeur, de Côme* et *de Garde,* et trois au Centre... les lacs *de Pérouse, de Bolséna* et *de Célano*.

Les deux **GRANDES CHAINES DE MONTAGNES** sont... les *Alpes* et les *Apennins*.

Les deux **VOLCANS** sont... le *mont Vésuve* et le *mont Etna*.

ESPAGNE.

* L'ESPAGNE, cap... Madrid, est limitée au Nord par le golfe... de *Gascogne* et... la *France*, à l'Est et au Sud par... la *mer Méditerranée*, à l'Ouest par l'océan... *Atlantique* et... le *Portugal*.

Etendue : 500.000 kilomètres carrés. Population : 17.000.000 d'habitants. La religion catholique y règne à l'exclusion de toute autre.

Les quatorze grandes provinces de l'Espagne se subdivisent en quarante-huit petites provinces qui portent presque toutes le nom de leur chef-lieu. —Les quatorze grandes sont :

* Quatre au Nord... la Galice, cap... *Santiago de Compostelle*, 2 v. pr... la *Corogne* et *Orense;* les Asturies, cap... *Oviédo*, les Provinces Basques, cap... *Bilbao*, 1 v. pr... *Saint-Sébastien;* la Navarre, cap.. *Pampelune.*

Quatre au milieu... le Royaume de Léon, cap... *Léon,* 3 v. pr... *Valladolid, Zamora* et *Salamanque;* la Vieille-Castille, cap... *Burgos,* 3 v. pr... *Santander, Soria* et *Ségovie;* la Nouvelle-Castille, cap... *Madrid,* 3 v. pr... *Guadalaxara, Tolède* et *Ciudad-Réal;* l'Estramadure, cap... *Badajoz,* 1 v. pr... *Cacérès.*

* Deux au Sud... l'Andalousie, 4 cap... *Séville, Cordoue, Jaen* et *Grenade,* 3 v. pr... *Cadix, Malaga* et *Alméria;* le Royaume de Murcie, cap... *Murcie,* 1 v. pr... *Carthagène.*

Quatre à l'Est... l'Aragon, cap... *Saragosse,* 2 v. pr... *Huesca* et *Téruel;* la Catalogne, cap... *Barcelone,* 3 v. pr... *Girone, Lérida* et *Tarragone;* le Royaume de Valence, cap... *Valence,* 2 v. pr... *Castellon* et *Alicante;* les Iles Baléares, cap... *Palma,* 1 v. pr... *Port-Mahon.*

---

* La VALLÉE D'ANDORRE, cap... Andorre, est une petite république située entre la France et l'Espagne, dont les deux villes principales sont... *Manzana* et *Saint-Julien.*

PORTUGAL.

* Le PORTUGAL, cap... Lisbonne, est borné au Nord et à l'Est par... *l'Espagne,* au Sud et à l'Ouest par... *l'Océan Atlantique.*

Population : 4.000.000 d'habitants. Etendue : 89.000 kilom. carrés. Religion : catholique.

Il se divise en six provinces : Entre Douro et Minho, cap... *Braga,* 1 v. pr... *Porto;* Tras os Montès, cap... *Bragance;* Béira, cap... *Coïmbre,* 2 v. pr... *Lamégo* et *Castel-Bianco;* l'Estramadure, cap... *Lisbonne,* 1 v. pr... *Léira;* l'Alemtéjo, cap... *Evora,* 2 v. pr... *Sétubal* et *Béja;* l'Algarve, cap... *Lagos,* 1 v. pr... *Faro.*

Géographie physique de l'Espagne et du Portugal.

* Les deux MERS sont... *l'océan Atlantique* et la *mer Méditerranée.*

Le DÉTROIT est au Sud... le *détroit de Gibraltar.*

Le GOLFE est au Nord... le *golfe de Gascogne.*

Les quatre ILES des Baléares sont... *Majorque, Minorque, Iviça* et *Formentera.*

Les huit FLEUVES sont : cinq sur l'océan Atlantique... le *Minho,* le *Douro,* le *Tage,* la *Guadiana* et le *Guadalquivir,* et trois sur la Méditerranée... *l'Ebre,* le *Guadalaviar* et le *Xucar.*

* Les huit CAPS sont : quatre sur l'Océan... les caps *Ortégal, Finisterre, Saint-Vincent* et *Trafalgar,* et quatre sur la Méditerranée... les caps *de Gata, de Palos, de Saint-Martin,* et le *cap Creux.*

Les sept MONTAGNES sont : deux au Nord... les *monts des Asturies* et les *Pyrénées;* quatre au milieu... les *monts Ibériens,* la *Sierra d'Avila,* les *monts Tolède* et la *Sierra Moréna,* et une au Sud... la *Sierra Névada.*

RUSSIE.

ATLAS, *Pl. 16º.*

* La RUSSIE, cap... Saint-Pétersbourg, dont l'étendue immense égale le 1/9 du globe (5.600.000 kilom. carrés), a une population de 74.000.000 d'habitants professant la religion chrétienne grecque.

Ses bornes sont : au Nord... l'*océan Glacial*, à l'Est... l'*Asie*, au Sud... la *mer Noire* et la *Turquie*, à l'Ouest... l'*Autriche*, l'*Allemagne* et la *mer Baltique*.

Elle peut former dix grandes divisions, se subdivisant en plus de soixante-dix gouvernements.

* Au Nord : la FINLANDE, six gouvernements, 3 v. pr... *Helsingfords*, *Vasa* et *Uléaborg ;* la RUSSIE SEPTENTRIONALE, deux gouv., 3 v. pr... *Arkhangel*, *Petrozavodsk* et *Vologda*.

A l'Ouest : les PROVINCES BALTIQUES, quatre gouv., 3 v. pr... *Saint-Pétersbourg*, *Revel* et *Riga ;* la POLOGNE, dix gouv., 1 v. pr... *Varsovie ;* la RUSSIE POLONAISE, huit gouv., 4 v. pr... *Vilna*, *Vitebsk*, 1812, *Grodno* et *Jitomir*.

Au Sud : la RUSSIE MÉRIDIONALE, cinq gouv., 4 v. pr... *Tcherkask*, *Kerson*, *Odessa* et *Sébastopol ;* la TRANSCAUCASIE, deux gouv., 2 v. pr... *Stavropol* et *Tiflis*.

* A l'Est : le KHANAT D'ASTRAKAN, cinq gouv., 3 v. pr... *Samara*, *Saratov* et *Astrakan ;* le KHANAT DE KAZAN, cinq gouv., 4 v. pr... *Perm*, *Oufa*, *Kazan* et *Orembourg*.

Au Centre : la GRANDE RUSSIE, un gouv., 7 v. pr... *Novgorod*, *Iaroslaw*, *Nijni-Novgorod*, *Moscou*, 1812, *Smolensk*, 1812, *Riazan* et *Toula ;* la PETITE RUSSIE, quatre gouv., 2 v. pr... *Kiew* et *Poltava*.

Géographie physique de la Russie.

* Les six **MERS** sont : deux au Nord... l'*océan Glacial* et la *mer Blanche ;* une à l'Ouest... la *mer Baltique ;* trois au Sud... la *mer Caspienne*, la *mer Noire* et la *mer d'Azof*.

Les deux **DÉTROITS** sont : un au Nord... de *Vaïgatz*, et un au Sud... d'*Iénikalé*.

Les quatre **GOLFES** sont : un au Nord... le *golfe de Tcheskaïa*, et trois à l'Ouest... de *Bothnie*, de *Finlande* et de *Riga*.

Les cinq **ILES** sont : trois au Nord... *Vaïgatz*, *Kalgouëf* et la *Nouvelle-Zemble*, et deux à l'Ouest... *Dago* et *Œsel*.

* Les onze **FLEUVES** sont : deux au Nord... la *Petchora* et la *Dvina*, dont les affluents sont la Sukona et la Vitchegda ; quatre à l'Ouest... la *Néva*, la *Duna*, le *Niémen* et la *Vistule*, et cinq au Sud... le *Dniester*, le *Dniéper*,

dont les affluents sont le *Pripet* et la *Bérésina*, le *Don*, le *Volga,* dont les affluents sont la *Kama* et l'*Oka*, et l'*Oural*.

Les cinq **LACS** sont au Nord-Ouest... les lacs *Onéga, Ladoga, Saïma, Peypous* et *Ilmen*.

Les deux **MONTAGNES** sont : une à l'Est... les *monts Ourals,* et une au Sud... les *monts Caucase.*

TURQUIE.

* La TURQUIE, cap... Constantinople, est bornée au Nord par... l'*Autriche,* à l'Est par... la *mer Noire*, au Sud par... la *mer de l'Archipel* et la *Grèce,* à l'Ouest par... la *mer Adriatique*.

Étendue : 527.000 kilom. carrés, et 13.000.000 d'habitants qui professent la religion grecque ou le mahométisme.

On divise la Turquie en neuf provinces.

Cinq au Nord : la Moldavie, cap... *Iassy,* 1 v. pr... *Galatz* ; la Valaquie, cap... *Boukharest,* 1 v. pr... *Craïova* ; la Bulgarie, cap... *Sophie,* 3 v. pr... *Silistrie, Varna* et *Viddin* ; la Serbie, cap... *Belgrade,* 1 v. pr... *Semendria* ; la Bosnie, cap... *Bosna-Seraï,* 2 v. pr... *Mustar* et *Cettigne.*

* Quatre au Sud : la Roumélie, cap... *Constantinople,* 4 v. pr... *Andrinople, Uskup, Salonique* et *Gallipoli.* L'Albanie, 2 v. pr... *Scutari* et *Janina* ; la Thessalie, cap... *Larisse* ; l'Ile de Crète ou Candie, cap... *Candie.*

La Roumanie, la Serbie, le Monténégro, ont une administration indépendante de la Turquie.

Géographie physique de la Turquie.

* Les quatre **MERS** sont... les mers *Noire, de Marmara, de l'Archipel* et *Adriatique*.

Les deux **DÉTROITS** sont... le *détroit de Constantinople* et *des Dardanelles.*

Les cinq **GOLFES** sont : deux dans la mer Noire... le *Bassein* et le *Bourgas,* et trois dans l'Archipel... *de Saros, de Contessa* et *de Salonique.*

Les trois **ILES** sont dans l'Archipel... *Tasso, Imbros* et *Lemnos*.

Les six **FLEUVES** sont : un au Nord... le *Danube* — ses quatre affluents sont... le *Prouth*, l'*Alouta*, la *Save* et la *Morava* ; — trois sur l'Archipel... la *Maritza*, la *Strouma* et la *Vardar*, et deux dans l'Adriatique... la *Voioussa* et le *Drin*.

Les quatre **MONTAGNES** sont : une au Nord... les *monts Carpathes*, et trois au centre... les *Alpes Dinariques*, les *monts du Pinde* et *Balkans*.

GRÈCE.

* La GRÈCE, cap... ATHÈNES, est divisée en treize départements subdivisés en 49 petits districts. Ses limites sont : au Nord... la *Turquie*, au Sud... la *Méditerranée*, à l'Est... la *mer de l'Archipel*, et à l'Ouest... la *mer Ionienne*.

Superficie : 50.000 kilomètres carrés. Population : 1.460.000 habitants.

Les trois villes principales sur le continent sont... *Salone, Thèbes* et *Athènes ;* les trois villes principales en Morée sont... *Patras, Nauplie* et *Sparte*.

* Les cinq **ILES** dans l'Archipel sont... *Eubée, Andros, Paros, Naxos* et *Cerigo*.

Les quatre **ILES IONIENNES** sont... *Corfou, Sainte-Maure, Céphalonie* et *Zante*.

Les trois **GOLFES** sont... les golfes *d'Egine, de Nauplie* et *de Lépante*.

Les deux **CAPS** sont... *Malia* et *Matapan*.

L'ISTHME est celui de... *Corinthe*.

SUÈDE.

* La SUÈDE, cap... STOCKOLM, et la NORVÉGE, cap... CHRISTIANIA, ne forment qu'un seul royaume borné au Nord par... l'*océan Glacial*, à l'Est... la *Russie*, au Sud... la *Baltique*, à l'Ouest... l'*Atlantique*.

Étendue : 760.000 kilom. carrés. Population : 6.000.000 d'habitants professant le luthéranisme.

La Suède se divise en trois provinces :

Le NORDLAND, 4 v. pr... *Tornéa, Luléa, Uméa* et *Hernosand;* la SUÈDE PROPRE, cap... *Stockolm,* 3 v. pr... *Gêfle, Upsal* et *Nikœping;* la GOTHIE, 4 v. pr... *Gothebourg, Calmar, Carlscrona* et *Christianstadt.*

La Norvége, se divise en quatre parties :

Le SONDENFIELDS, cap... *Christiana,* 2 v. pr... *Frédérikshald* et *Christiansand;* le NORDENFIELDS, 2 v. pr... *Drontheim* et *Bergen;* le NORLAND, 2 bourgades... *Belsvaag* et *Tromsoë;* le FINMARK, 1 bourg... *Altengaard.*

Géographie physique de la Suède.

* Les quatre **MERS** sont... l'*océan Atlantique, Glacial,* la *Baltique* et la *mer du Nord.*

Les cinq **DÉTROITS** sont au Sud... le *Skager Rack,* le *Cattégat,* le *Sund,* le *Grand Belt* et le *Petit Belt.*

Le **GOLFE** est celui de... *Bothnie.*

Les six **ILES** sont : trois à l'Est... *Aland, Gotland* et *Oland,* et trois à l'Ouest... *Loffoden,* et les archipels *de Drontheim* et *Bergen.*

* Les trois **CAPS** sont : un au Nord... le *cap Nord,* et deux au Sud... *Lindesness* et *Skagen.*

Les sept **FLEUVES** sont... la *Tornéa,* la *Luléa,* l'*Uméa,* l'*Angerman,* l'*Indal,* le *Dal* et le *Glommin.*

Les quatre **LACS** sont... les lacs *Melar, Hielmar, Weter* et *Wener.*

Les deux **MONTAGNES** sont... les *monts Ardanger* et *Kielen* ou *Dofrines.*

Le **GOUFFRE** est celui de... *Malström.*

DANEMARK.

* Le DANEMARK, cap... COPENHAGUE, est limité au Nord par... le *Skager Rack,* à l'Est par... la *Suède,* au Sud par... l'*Empire d'Allemagne,* à l'Ouest par... la *mer du Nord.*

Son étendue, depuis 1864, est réduite à 142.000 kilomètres carrés, y compris l'Islande. Population : 6.000.000 d'habitants professant le luthéranisme.

Le Danemark peut se diviser en trois parties :

Le JUTLAND, 2 v. pr... *Viborg* et *Ribe*.

Les cinq ILES de la Baltique sont... *Bornholm, Seelland, Falster, Laaland* et *Fionie* — leurs trois villes principales sont... *Elseneur, Copenhague* et *Odensée;* — l'ISLANDE, cap... *Reikiavik*.

FAITS HISTORIQUES
POUR LES DATES CONTENUES DANS L'ATLAS

FRANCE.

ATLAS, *Pl. 11e.*

FLANDRE.

BOUVINES, 1214. — Une ligue puissante s'était formée contre la France sous Philippe-Auguste. Jean-sans-Terre, roi d'Angleterre ; Othon IV, empereur d'Allemagne, et plusieurs autres princes, envahirent la France dans le dessein de se la partager ; mais Philippe déjoua leurs complots et les battit complètement à Bouvines. (Voir *Histoire de France*, page 82.)

CASSEL, 1328. — Les Flamands, ayant à leur tête Zannac, se soulevèrent contre la tyrannie de leur comte. Philippe de Valois vint au secours de son vassal, et vainquit les rebelles à Cassel. Cet heureux début du règne de Philippe ne se poursuivit pas, la suite en fut des plus désastreuses.

MALPLAQUET, 1709. — Le règne de Louis XIV était alors dans sa période de revers. Le maréchal Villars, si souvent victorieux des ennemis, fut vaincu à son tour par les Impériaux, à Malplaquet, en 1709. Cette funeste bataille mit la France à deux doigts de sa perte.

DENAIN, 1712. — Malplaquet et l'hiver rigoureux de 1709 avaient mis la France à toute extrémité. Sa dernière armée fut confiée à Villars, qui marcha droit aux ennemis retranchés à Denain. La victoire fut complète, et la France put enfin conclure une paix honorable à Utrecht.

ARTOIS ET PICARDIE.

CRÉCY, 1346. — Edouard III, roi d'Angleterre, ravageait la France, lorsqu'il fut obligé de battre en retraite devant une puissante armée levée par Philippe de Valois. Poursuivi de près, il fut obligé d'accepter la bataille dans une position qu'il avait prise à Crécy. L'indiscipline de la chevalerie française fut cause d'une défaite désastreuse. (Voir *Hist. de France*, p. 84.)

CALAIS, 1347. — Après sa victoire de Crécy, Edouard III vint mettre le siége devant Calais, qui résista vaillamment pendant une année. Mais abandonnée à elle-même, la ville se rendit. Le vainqueur exigea que six notables vinssent se mettre à sa discrétion. Eustache de Saint-Pierre et cinq autres compagnons se dévouèrent, et n'obtinrent la vie qu'à la prière de la reine d'Angleterre.

AZINCOURT, 1415. — Les Anglais, profitant de la folie de Charles VI et de la guerre civile qui désolait le royaume, descendirent en France et battirent la noblesse française à Azincourt. Cette défaite fut suivie du honteux traité de Troyes.

LENS, 1648. — Le prince de Condé, déjà vainqueur des ennemis à Rocroi, à Fribourg et à Nordlingue, acheva d'écraser l'infanterie espagnole, réputée invincible. La victoire de Lens fut suivie du glorieux traité de Westphalie, qui assurait à la France la prépondérance en Europe.

NORMANDIE.

ROUEN, 1431. — SUPPLICE DE JEANNE D'ARC. — Après les succès les plus éclatants, la glorieuse bergère de Domrémy, ayant été prise par les Bourguignons au siége de Compiègne, fut vendue aux Anglais. Ceux-ci, malgré son innocence, la condamnèrent au feu. Cet affreux supplice fut exécuté à Rouen. (Voir *Hist. de France*, page 87.)

ARQUES, 1589; IVRY, 1590. — Après l'assassinat de Henri III à Saint-Cloud, Henri de Béarn, devenu légitime roi de France, fut cependant obligé de se retirer en Normandie avec le peu de troupes qui lui restaient. Mayenne, malgré sa nombreuse armée, ne put tenir contre la bravoure du Béarnais. Il fut complètement battu à Arques et l'année suivante à Ivry. Henri IV vint de nouveau bloquer Paris.

LA HOGUE, 1692. — Au milieu des nombreuses victoires qui amenèrent la paix de Ryswick, notre marine subissait un échec à La Hogue, où l'amiral Tourville avait lutté glorieusement contre les flottes combinées d'Angleterre et de Hollande.

ILE-DE-FRANCE.

COMPIÈGNE, 1430. — Après le sacre de Charles VII, à Reims, Jeanne d'Arc voulut se retirer; mais pressée par le roi de continuer sa mission de dévouement, elle n'éprouva plus que des revers : blessée sous les murs de Paris, elle fut prise dans une sortie à Compiègne. (Voir *Hist. de France*, p. 87.)

BEAUVAIS, 1472. — Charles-le-Téméraire, duc de Bourgogne, ayant recommencé la guerre avec Louis XI, vint mettre le siége devant Beauvais; mais les femmes de la ville, conduites par Jeanne Hachette, opposèrent une si vigoureuse résistance, qu'elles l'obligèrent à lever le siége.

VERVINS, 1598. — A peine Henri IV fut-il proclamé roi de France, qu'il marcha contre les Espagnols, les vainquit à Fontaine-Française et les obligea à signer la paix de Vervins, qui stipulait la remise de toutes les places qu'ils possédaient encore dans le royaume.

MONTEREAU, 1419. — Les Anglais pénétraient en France pour profiter de nos dissensions, mais la grandeur du péril réconcilia les princes du sang, qui déchiraient le royaume par la guerre civile des Armagnacs et des Bourguignons. Le duc de Bourgogne, Jean-sans-Peur, l'assassin du duc d'Orléans, fut attiré à son tour dans un guet-apens sur le pont de Montereau, où il fut massacré, sous les yeux même du dauphin Charles, par Tanneguy Duchâtel.

MONTEREAU, 1814. — L'époque des revers de l'empire était arrivée. Les armées innombrables des alliés pénétraient partout en France. Napoléon se multiplie dans sa savante campagne de France. A Montereau, il paye de sa personne et pointe lui-même le canon. — Il arrête ses soldats, qui fuyaient écrasés par le nombre, et les conduit encore à la victoire.

FONTAINEBLEAU, 1814. — Pendant que Napoléon remportait en Champagne de stériles victoires sur une armée des alliés, Paris, assiégé par une autre armée, était forcé de capituler. L'empereur, jugeant la position désespérée, résolut d'abdiquer à Fontainebleau, et partit pour sa nouvelle résidence de l'île d'Elbe, après avoir fait de touchants adieux à sa garde.

SAINT-CLOUD, 1589. — Obligé de quitter Paris, Henri III s'allia au roi de Navarre, et les deux princes vinrent mettre le siége devant la capitale. Henri III était campé à Saint-Cloud, quand il fut poignardé par le fanatique Jacques Clément.

CHAMPAGNE.

CHALONS, 451. — Pour résister aux fureurs d'Attila, surnommé le Fléau de Dieu, Mérovée, chef des Francs, s'allia aux Romains et aux Visigoths. La brillante victoire de Châlons-sur-Marne couronna leurs efforts : le cruel Attila, laissa, dit-on, deux cent mille hommes sur le champ de bataille. (Voir *Histoire de France*, page 75.)

VITRY, 1142. — Louis-le-Jeune faisait la guerre à Thibault, comte de Champagne. Irrité de la résistance de Vitry, qu'il assiégeait, il eut la barbarie de faire incendier l'église où s'étaient réfugiés treize cents personnes, qui devinrent la proie des flammes. Louis crut apaiser ses remords en entreprenant la seconde croisade.

TROYES, 1420. — Par le honteux traité qui porte ce nom, Isabeau de Bavière, l'épouse de l'infortuné Charles VI, vendit la France aux Anglais, qui étaient déjà maîtres des trois quarts du royaume. Les victoires de Jeanne d'Arc et de Charles VII empêchèrent l'exécution du traité de Troyes.

MÉZIÈRES, 1521. — Pendant la rivalité de François Ier et de Charles-Quint, les Impériaux vinrent assiéger Mézières. Leurs efforts échouèrent complétement, car la place était défendue par le brave chevalier Bayard, qui les força à lever le siége.

ROCROI, 1643. — Le règne de Louis XIV fut glorieusement inauguré à Rocroi par le duc d'Enghien, prince de Condé, qui y remporta sa première victoire lorsqu'il n'avait encore que 22 ans. Les Impériaux avaient trouvé leur maître.

VALMY, 1792. — En présence des événements de la grande révolution, les Prussiens avaient cru devoir intervenir dans nos discordes, et avaient déjà pénétré en Champagne. Mais Kellermann, par la victoire de Valmy, les força à la retraite.

CHAMPAUBERT, MONTMIRAIL, 1814. — Napoléon se multipliait pour résister à l'invasion. Un moment il se crut plus près de Vienne que les alliés de Paris. Vaine espérance, il ne faisait que **retarder** son abdication : toute l'Europe était armée contre lui.

DOMRÉMY, 1410, a vu naître Jeanne d'Arc.

NANCY, 1477. — L'orgueilleux duc de Bourgogne, Charles-le-Téméraire, après avoir été vaincu par les Suisses à Granson et à Morat, tourna sa fureur contre la ville de Nancy ; mais il ne put s'en emparer, et trouva la mort sous ses murs.

FONTENAY, 841. — Bataille sanglante entre les trois fils de Louis-le-Débonnaire. — Charles-le-Chauve et Louis-le-Germanique sont vainqueurs de leur frère Lothaire. — Le traité de Verdun, qui en fut la suite, traça la délimitation de la France moderne.

FONTAINE-FRANÇAISE, 1595. — Après avoir désarmé la Ligue, Henri IV tourna ses armes contre les Espagnols. Après **trois ans** de luttes, la victoire resta à la France, et le glorieux traité de Ver-vins amena l'évacuation complète du royaume.

PROVENCE.

TOULON, 1532. — Après avoir été pris une première fois **en 1524** par le connétable de Bourbon, au service de Charles-Quint, **Toulon** fut encore pris en 1532 ; mais l'armée espagnole alla échouer au siége de Marseille, où elle périt presque entièrement.

TOULON, 1793. — Ayant été livré aux Anglais, il fut assiégé **par** ordre de la Convention et pris par Dugommier. Bonaparte, **général** de l'artillerie, contribua puissamment au succès. Les Anglais en se retirant détruisirent notre arsenal et notre flotte.

LANGUEDOC.

BÉZIERS, 1216. — Ce fut sous Philippe-Auguste que commença la croisade des Albigeois, dont la prise de Béziers par le comte de Montfort fut le principal épisode. Quinze mille personnes y **périrent.**

TOULOUSE, 1814. — Pendant que Napoléon Ier au Nord défendait le sol français pied à pied contre la formidable invasion **des** alliés, le maréchal Soult, au Midi, résistait aux Anglais **commandés** par Welington ; mais sa glorieuse victoire de Toulouse ne **put** sauver la France.

SAINTONGE, ANGOUMOIS.

TAILLEBOURG et **SAINTES, 1242.** — Plusieurs vassaux, **profitant** de la jeunesse de saint Louis, se révoltèrent et s'allièrent **aux** Anglais ; mais le roi marcha contre eux et les tailla en pièces au pont de Taillebourg et le lendemain à Saintes, où les rebelles vaincus jurèrent fidélité à leur suzerain.

LA ROCHELLE, 1628. — L'abaissement des protestants **entrait** dans le programme de la politique de Richelieu. Dans ce but, il **vint** mettre le siége devant La Rochelle, leur principal boulevard. **Les**

assiégés résistèrent avec la plus grande énergie, mais après onze mois d'un blocus rigoureux, ils furent contraints d'ouvrir leurs portes.

JARNAC, 1569. — La guerre civile religieuse désolait la France; Henri III, âgé seulement de dix-huit ans, apprenant que les protestants commandés par Condé et Coligny se fortifiaient en Poitou, alla à leur rencontre et les vainquit à Jarnac, où Condé, fait prisonnier, fut ensuite assassiné.

POITOU.

VOUILLÉ, 507. — Toute la partie méridionale de la France appartenait aux Visigoths. Clovis marcha contre eux, les battit complètement à Vouillé, après avoir tué de sa propre main leur roi Alaric.

POITIERS, 732. — Les Sarrasins, maîtres de l'Afrique et de l'Espagne, ravageaient déjà la France. Charles-Martel alla à leur rencontre. Le choc fut terrible entre les deux armées accoutumées à vaincre. Les Arabes, commandés par Abdérame, furent vaincus, et laissèrent, dit-on, 300.000 hommes sur le champ de bataille. (Voir *Hist. de France*, p. 76.)

MAUPERTUIS, 1356. — Pendant la guerre de cent ans les Anglais, conduits par le prince Noir, fils du roi d'Angleterre, s'étaient avancés jusqu'à Poitiers. Jean-le-Bon, à la tête d'une nombreuse armée de chevaliers, les attaqua imprudemment dans leurs positions; il fut vaincu et fait prisonnier malgré sa bravoure. Onze mille Français restèrent sur le champ de bataille. (V. *Hist. de Fr.*, p. 85.)

MONCONTOUR, 1569. — Henri III, duc d'Anjou, le vainqueur de Jarnac, avait été vaincu à la Roche-Abeille; mais il se releva à Moncontour, où il battit encore les calvinistes. Le jeune duc de Guise et le comte de Nassau contribuèrent à la victoire.

BRETAGNE.

NANTES, 1598 & 1685. — Henri IV n'avait pu être reconnu roi de France qu'en abjurant le protestantisme; mais il publia à Nantes, en faveur de ses anciens coreligionnaires, un édit qui leur accordait plusieurs places de sûreté et le libre exercice de leur culte. Cet édit fut révoqué par Louis XIV en 1685. Un grand nombre de protestants émigrèrent.

SAVENAY, 1793. — Les Vendéens, insurgés contre la Convention, luttaient courageusement contre les armées républicaines. Après des alternatives de succès et de revers, ils furent complètement défaits au Mans et à Savenay.

QUIBERON, 1795. — Les émigrés, conduits par des vaisseaux anglais, tentèrent une descente en Bretagne, où ils espéraient trouver des partisans; mais ils furent surpris par les républicains embusqués, et périrent pour la plupart.

ORLÉANAIS.

ORLÉANS, 1429. — Le dernier boulevard de l'indolent Charles VII était sur le point de succomber, lorsque Jeanne d'Arc vint relever la fortune de la France. Les Anglais, culbutés, sont obligés de lever le siége d'Orléans. (Voir *Hist. de France*, p. 87.)

DREUX, 1563. — La première guerre de religion fut marquée par la prise de Rouen et la bataille de Dreux que Montmorency livra à Condé. Les calvinistes furent défaits et le duc de Guise assassiné.

BLOIS, 1588. — Henri III, obligé de fuir devant la Ligue, quitta Paris, se retira à Chartres, puis à Blois, où il conçut le projet de se défaire par l'assassinat de son rival le duc de Guise. Malgré les avertissements qui lui furent donnés, le duc se rendit à Blois, où il tomba sous le fer des meurtriers.

TOURAINE.

PLESSIS-LES-TOURS. — Résidence habituelle du cruel et soupçonneux Louis XI. Il avait fait entourer son château de chausse-trapes ; une garde choisie veillait nuit et jour avec ordre de tirer sur tous ceux qui approcheraient. Louis XI y mourut en 1498.

AMBOISE, 1560. — Afin de renverser le pouvoir des Guises, la noblesse et les protestants eurent recours aux complots ; ils résolurent d'enlever le jeune roi François II, qui était à Blois. Mais ce projet ayant été découvert, la cour se transporta à Amboise. Les conjurés, surpris, périrent pour la plupart.

EMPIRE D'ALLEMAGNE.

ATLAS, *Pl. 13*.

TILSITT, 1807. — Une quatrième coalition s'était formée contre Napoléon Iᵉʳ, qui se mit aussitôt en campagne. Il vainquit rapidement les Prussiens à Iéna, puis alla à la rencontre des Russes, qui furent battus à leur tour à Eylau et à Friedland. Le glorieux traité de Tilsitt termina cette rapide campagne.

MUNSTER, 1648. — Depuis longtemps des négociations étaient entamées à Munster sans qu'on pût s'entendre pour les conditions de la paix, lorsque les brillantes victoires du prince de Condé hâtèrent la conclusion de ce traité célèbre, appelé aussi paix de Westphalie.

DRESDE, BAUTZEN, LEIPZIG, 1813. — Après la désastreuse campagne de Russie, Napoléon ne perdit pas courage. Il leva une nouvelle armée de 350.000 hommes, et avec ses jeunes conscrits remporta les victoires de Lutzen, de Bautzen et de Dresde ; mais la défection des Saxons à Leipzig lui fit perdre la bataille après laquelle il lui fallut évacuer l'Allemagne.

IÉNA, 1806. — Un corps d'armée prussien, sacrifié d'avance, occupait Napoléon à Iéna pendant que le gros de l'armée se préparait à écraser le maréchal Davoust à *Auerstaedt* ; mais Davoust avec 26.000 hommes battit complètement les 60.000 Prussiens qui lui étaient opposés.

FRANCFORT-SUR-LE-MEIN, 1871. — Après la fatale guerre de 1870-71, l'assemblée nationale réunie à Bordeaux ayant décidé la paix, elle fut signée à Francfort. L'Alsace et une partie de la Lorraine nous sont enlevées, avec cinq milliards d'indemnité.

RATISBONNE, 1809. — A la nouvelle d'une cinquième coalition contre la France, Napoléon se porte rapidement en Bavière. Chaque bataille est une victoire. Celle de Ratisbonne, où il est légèrement blessé, lui ouvre le chemin de Vienne.

ULM, 1805. — L'Autriche et la Russie ayant pris les armes contre la France, Napoléon, à la tête de la Grande-Armée franchit le Rhin, et après des marches savantes force le général autrichien Mack à s'enfermer dans Ulm. Toute résistance étant inutile, l'armée autrichienne, forte de 36.000 hommes, est faite prisonnière.

SADOWA, 1866. — La Prusse alliée de l'Italie ayant vaincu les Autrichiens, l'empereur d'Autriche demanda la médiation de la France. La Vénétie, cédée à Napoléon III, médiateur, est donnée au roi d'Italie comme gage de la paix.

AUSTERLITZ, 1805. — Après la capitulation d'Ulm, Napoléon s'empara de Vienne et alla jusqu'en Moravie au-devant de l'armée austro-russe. La brillante victoire d'Austerlitz termina la campagne. (Voir *Hist. de France*, p. 96.)

VIENNE, 1815. — Napoléon ayant quitté l'île d'Elbe, trouve en France un accueil enthousiaste, mais les puissances européennes refusent d'entrer en relation avec lui. Un congrès réuni à Vienne le déclare hors la loi, comme perturbateur de la paix publique. Il fallut encore se préparer à la guerre.

WAGRAM, 1809. — L'Autriche ayant de nouveau tenté le sort des armes, Napoléon marcha contre elle, et, après plusieurs victoires, entra à Vienne pour la deuxième fois ; puis se portant sur l'armée autrichienne, qui se préparait à recevoir la bataille, il est de nouveau vainqueur à Essling et à Wagram ; la paix est signée à Vienne.

TRENTE, 1545. — Le luthéranisme faisait de grands progrès en Allemagne, où Luther avait nombre de partisans. Un concile général s'ouvrit à Trente : les anathèmes de ce concile donnèrent l'alarme aux réformés, qui protestèrent les armes à la main.

PRESBOURG, 1805. — L'éclatante victoire de Napoléon à Austerlitz fut suivie de la paix de Presbourg, qui donnait à la France les Etats Vénitiens, l'Istrie, la Dalmatie, et qui érigeait en royaume la Bavière et le Wurtemberg.

HOLLANDE ET BELGIQUE.

ATLAS, *Pl. 14e.*

UTRECHT, 1713. — La victoire de Denain, qui sauva la France, permit à Louis XIV de signer à Utrecht une paix honorable par laquelle l'Espagne était assurée à Philippe V, qui renonçait cependant à tous ses droits à la couronne de France.

NIMÈGUE, 1678. — La guerre que Louis XIV entreprit contre la Hollande, ne fut qu'une série de victoires qui furent suivies du glorieux traité de Nimègue, par lequel la France gagnait la Franche-Comté et un grand nombre de places en Flandre.

4

COURTRAY, 1302. — Philippe-le-Bel avait fait la conquête de la Flandre en 1297 ; mais les exactions du gouverneur déterminèrent les communes flamandes à se soustraire à la domination tyrannique des Français. Philippe essuya une sanglante défaite à Courtray et subit une paix onéreuse.

WATERLOO, 1815. — Le retour de Napoléon de l'île d'Elbe souleva de nouveau toute l'Europe. La sanglante et décisive bataille de Waterloo fit écrouler de nouveau la fortune impériale. La garde impériale sommée de se rendre, répondit : « la garde meurt, mais ne » se rend pas. »

FONTENOY, 1745. — La guerre de la succession d'Autriche sous Louis XV fut marquée par de brillants faits d'armes, dont le plus remarquable fut la victoire du maréchal de Saxe à Fontenoy, où le roi courut des dangers réels. Louis XV ne sut pas garder les Pays-Bas qu'il venait de conquérir si glorieusement.

JEMMAPES, 1792. — Les menaces de la coalition étrangère excitèrent le patriotisme ; les armées de la République, sous l'énergique impulsion de la Convention, prirent partout l'offensive. Dumouriez fut victorieux à Jemmapes, et couronna la campagne de 1792 par la conquête de la Belgique.

FLEURUS, 1690. — Après la rupture de la trève de Ratisbonne, la guerre avait recommencé en Hollande. Les débuts furent malheureux, mais des efforts héroïques nous valurent de glorieuses victoires, entre autres celle de Fleurus remportée par Luxembourg.

ITALIE.

ATLAS, *Pl. 15e.*

GÈNES, 1800. — La brillante campagne de Bonaparte en Italie avait été inutile ; Masséna, obligé de battre en retraite devant des forces écrasantes, s'était réfugié à Gènes, où il soutint un siége mémorable. Le premier consul le délivra par la victoire de Marengo.

MARENGO, 1800. — Pendant que Masséna retenait l'armée autrichienne sous les murs de Gènes, Bonaparte avait franchi le mont Saint-Bernard et était venu couper la retraite aux Autrichiens ; sa décisive victoire de Marengo nous rendit maîtres de toute la Lombardie et termina la campagne.

PAVIE, 1525. — Dans une nouvelle campagne pour conquérir le Milanais, François Ier vint assiéger Pavie. Ayant accepté la bataille dans cette position désavantageuse, les généraux de Charles-Quint lui firent subir une sanglante défaite. Lui-même fut fait prisonnier malgré des prodiges de valeur. (Voir *Hist. de France*, p. 90.)

MANTOUE, 1796. — Après les victoires d'Arcole et de Rivoli, Bonaparte vint assiéger Mantoue, défendu par Wurmser. Les efforts des Autrichiens pour dégager la ville furent sans résultats : les assiégés, obligés de se rendre, obtinrent les honneurs de la guerre.

RAVENNE, 1512. — Malgré une formidable coalition, Louis XII s'obstinait à garder le Milanais qu'il venait de conquérir. Il fallut pourtant l'évacuer malgré les brillantes victoires de Bologne, de Brescia et de celle de Ravenne, où le victorieux Gaston de Foix, neveu du roi, trouva la mort.

PALERME, 1282. — Charles d'Anjou, frère de saint Louis, avait été élu roi de Sicile ; les Français qui l'avaient suivi se firent détester à tel point, que les indigènes résolurent de les exterminer tous. Ce massacre, appelé *Vêpres siciliennes*, commença à Palerme le lundi de Pâques, au son des cloches qui appelaient les fidèles à l'église.

RUSSIE.

ATLAS, *Pl. 16e.*

VITEBSK, SMOLENSK, MOSCOU, 1812. — Dans sa campagne de Russie, Napoléon, à la tête de sa grande armée, avait été victorieux jusqu'à Moscou. Pendant qu'il attendait des propositions de paix, les Russes répondirent par l'incendie de leur capitale. Il fallut faire retraite par un hiver des plus rigoureux. Cette retraite a laissé de bien lugubres souvenirs.

SÉBASTOPOL, 1855. — La France alliée de l'Angleterre vient au secours de la Turquie pour arrêter les envahissements de la Russie. Les brillantes victoires d'Inkermann et de Balaclava couronnées par la prise de Sébastopol, 8 septembre, nous placèrent à la tête des nations militaires de l'Europe.

FIN.

TABLE DES MATIÈRES.

FIN DE LA TABLE.

Imprimerie Mme J. DUMONT, place Saint-Martial, Limoges.

NOUVELLE MÉTHODE DE GÉOGRAPHIE

PAR LA SIMILITUDE DES COULEURS ET DE L'ÉCRITURE

Par G.-E. LAURENT (MENTION HONORABLE)

Extrait du Rapport adressé au Comité d'action de la Société géographique de Lyon

. . . . . . Donnez à un élève un brillant Atlas avec son volume de texte, puis, qu'il ait à réciter, par exemple, avec Préfectures et Sous-Préfectures, les six premiers départements de la France. — D'abord l'écolier ne les trouve que dans l'ordre alphabétique, et tout en étudiant, il veut les réciter sur sa carte — grave difficulté. . . . Le voilà, cherchant l'AIN du Nord au Sud, de l'Est à l'Ouest; l'AISNE ne lui donne pas moins de mal à trouver, et l'AUDE encore davantage. — Découragé, il ferme l'Atlas et tant bien que mal, étudie le texte dans son livre. Quant à la chose la plus indispensable, la *situation géographique*, elle est mise de côté.

Le résultat en est déplorable : neuf personnes sur dix ne savent pas où trouver tel ou tel accident géographique : montagne, fleuve, détroit.

. . . Par l'ingénieux moyen de la *similitude des couleurs et des caractères d'écriture*, l'auteur de la Géographie qui porte ce titre a tranché complètement la difficulté.

L'élève n'éprouve plus que du plaisir à une étude qui lui était particulièrement pénible par suite des termes barbares qu'il lui fallait retenir.

Dès lors, obligé d'étudier sur sa carte, il retient parfaitement la situation des accidents géographiques. Cette situation même est un puissant auxiliaire à sa mémoire.

Exemple : Pour l'étude des départements avec préfectures et sous-préfectures, l'élève après une indication sommaire de cinq minutes de la part du maître, trouve en marge — Région du Nord — *LA FLANDRE forme 1 département : celui du* **NORD** (couleur verte, renvoyant dans la même couleur de la carte, région du Nord), **NORD**, chef-lieu **LILLE**, sous-préfectures **Dunkerque, Hazebrouck**, etc. — Il ne lui reste plus qu'à réciter dans un ordre régulier les noms encadrés dans la limite du département, aidé par l'écriture affectée à chacun d'eux.

Ces *caractères* d'écriture et cette *similitude* de couleurs, tels sont les jalons infaillibles qui le guideront constamment et lui feront trouver un attrait irrésistible à l'étude de la Géographie.

Les succès obtenus par la méthode de l'auteur ont dépassé toute prévision : c'est par centaines de mille que ses cartes se vendent aujourd'hui.

Son Excellence, Monsieur le Ministre de l'Instruction publique à distingué cette méthode ingénieuse en accordant à l'auteur une Mention Honorable. . . .

DÉSIGNATION DES CARTES COMPOSANT LA COLLECTION :

LA FRANCE PROVINCIALE ET DÉPARTEMENTALE, ayant au verso le tableau chronologique des rois de France et la réunion des provinces.

LA FRANCE PROVINCIALE ET DÉPARTEMENTALE MUETTE, ayant au verso la France physique muette.

LA FRANCE PHYSIQUE ou par bassin, ayant au verso la carte des Chemins de fer.

L'EUROPE, ayant au verso la MAPPEMONDE et les notions générales de Géographie et de Cosmographie.

L'ASIE, ayant au verso l'AFRIQUE.

L'AMÉRIQUE, ayant au verso l'OCÉANIE.

LA FRANCE ADMINISTRATIVE, productive, historique, etc., ayant au verso les productions et l'historique des provinces.

L'ATLAS, 16 planches, 22 cartes.

LEÇONS ET DEVOIRS SUR L'HISTOIRE DE FRANCE

En rapport avec le Programme des Écoles primaires

PAR G.-E. LAURENT.

Imprimerie Mᵐᵉ J. Dumont, place St-Martial, Limoges.